Manual para la
Primera Comunión
en la Iglesia Luterana

Edición bilingüe – Bilingual edition

First Communion
Catechism for the
Lutheran Church

Gerhard F. Kempff
Héctor E. Hoppe

Propiedad literaria © 1995 Editorial Concordia
3558 South Jefferson Avenue, Saint Louis, Missouri, 63118-3968 U.S.A.
1-877-450-8694 • www.editorial.cph.org

Ilustración de la portada: Glenn Myers
Ilustraciones interiores: Bill Clark

Editorial Concordia es la división hispana de Concordia Publishing House.
Impreso en los Estados Unidos de Noreteamérica

Copyright © 1995 Concordia Publishing House
3558 South Jefferson Avenue, Saint Louis, Missouri 63118-3968
1-800-325-3040 • www.cph.org

Cover illustration: Glenn Myers
Interior illustrations: Bill Clark

Editorial Concordia is the Spanish division of Concordia Publishing House.
Manufactured in the United States of America

7 8 9 10   17 16 15 14 13 12 11 10 09

Contenido

Contents

Presentación

Diferentes costumbres se han seguido dentro de la Iglesia Luterana con respecto a la práctica de la primera comunión y la confirmación, así como la edad adecuada para participar de tales eventos y el tipo de preparación espiritual–doctrinal necesaria. Las iglesias luteranas han sido muy flexibles con respecto a estos rituales, dependiendo de los tiempos, las circunstancias, y los lugares.

Es de notar que Lutero enfatizó la instrucción de pequeños y adultos para que pudieran participar de la Cena del Señor en forma digna. Lutero sugirió que cada uno que deseara comulgar debería ser examinado primero, y se le debería pedir un testimonio de su fe. El candidato a la primera comunión debía estar capacitado para decir lo que creía con respecto a la Cena del Señor y lo que esperaba recibir del sacramento.

No es nuestro propósito unificar las costumbres entre las diferentes congregaciones locales, ni seguir la tradición histórica— muy difícil, por otro lado, debido a su variedad—sino proveer, a través de este recurso, de los elementos necesarios para la instrucción cristiana de niños con respecto a la Santa Comunión y a otras enseñanzas cristianas básicas.

Esperamos que este manual sea de gran utilidad y bendición allí donde se use con reverencia al Señor y con gozo en el Espíritu Santo. Amén.

Los autores

La presente edición bilingue, español-inglés, fue preparada para ayudar a los niños que están en un período de transición con respecto al idioma.

Hay niños y jóvenes cuya lengua nativa es el español, pero que, sin embargo, se sienten más cómodos utilizando el inglés.

Asimismo, aquellos pastores y misioneros que se desenvuelven mejor con el inglés que con el español, podrán tener ambas versiones a la mano.

Es de notar que la versión inglesa no sigue al pie de la letra la versión española. Esto sucede porque se ha usado aquí el método de *equivalencia dinámica* para traducir el español al inglés. De esta manera, cada idioma conserva su riqueza y su fluidez.

El editor

Preface

Practices in relation to first Communion and confirmation, the age at which a child should take part in these rites, and the kind of spiritual and doctrinal preparation required to do so, have not been uniformly observed in the Lutheran Church. Lutheran congregations have varied greatly in the practice of these rites, depending on their location and the prevailing times and circumstances.

It is noteworthy that Luther emphasized that both children and adults needed to be instructed in order to be able to partake of the Lord's Supper in a worthy manner. He suggested that anyone who desired to commune should first be examined and should give testimony to his or her faith. A candidate for first communion should be prepared to explain what he or she believed about the Lord's Supper, and what he or she expects to receive in this Sacrament.

It is not our purpose to create a uniform practice for all our local congregations, nor to follow historic precedent. That would be most difficult, given the great variety of practices followed in the past. Our purpose is to provide those teachings and elements that seem most necessary for the Christian instruction of small children before they receive their first Communion.

We hope that this little book will be of much use and blessing wherever it is used with reverence for the Lord and joy in the Holy Spirit. Amen.

The authors

This bilingual edition, Spanish-English, was prepared to help those children who are in a period of transition in regards to their language.

There are children and youth whose native language is Spanish, but feel more comfortable using English.

Also those pastors and missionaries that function better with English than with Spanish will have both versions to work with.

Please note that the English version does not follow the Spanish version word for word. This is due to the fact that the *dynamic equivalency* method was used in the translation from Spanish to English. In this way, each language keeps its uniqueness.

The Editor

Palabras introductorias para padres

Este pequeño libro fue desarrollado para que cumpla los siguientes propósitos:
1. Ser un libro de instrucción para los niños que deseen tomar la Santa Cena.
2. Establecer un lazo de comunión entre Jesucristo y el estudiante.
3. Ayudar a los padres a conocer, junto con sus hijos, las partes más importantes de la enseñanza cristiana, para el crecimiento espiritual de toda la familia.
4. Servir como libro de estudio y devoción después de recibir la primera comunión.

El libro está compuesto de tres partes:

1. Manual para la primera comunión

Esta primera parte contiene la enseñanza sobre los sacramentos del Bautismo y de la Santa Cena, y sobre la confesión de pecados, páginas 12–36. El niño deberá estudiarla de tal modo que pueda saber lo suficiente para participar de la Santa Comunión con bendición y alegría.

En la página 38 hay oraciones que los estudiantes deberán memorizar para recitarlas en clase. Esto le permitirá a usted y a su familia practicar la oración en su hogar cada día.

2. Orden para la primera comunión

La segunda parte contiene el rito que se usará en el culto el día que su hijo o hija reciba el cuerpo y la sangre del Señor Jesucristo por primera vez, páginas 42–50. Se ha incluido para que, tanto usted como sus hijos, puedan reconocer el alto significado de la Santa Cena, y la importancia de comulgar en una congregación cristiana.

3. El Catecismo Menor de Martín Lutero

Esta tercera parte contiene la más esencial enseñanza cristiana, sacada de las Sagradas Escrituras, sin la cual no es posible tener la verdadera fe en Jesucristo y la vida eterna, páginas 52–96. Este

Introductory Word For Parents

This little book was composed with the following purposes in mind:

1. To serve as a book of instruction for children who want their first Communion.
2. To strengthen your children's fellowship with Jesus Christ, their Savior.
3. To contribute to the spiritual growth of your whole family through a presentation of some of the most important Christian teachings.
4. To provide a book for your children's study and devotion after they have received their first Communion.

This book consists of three parts:

1. First Communion Catechism

This part contains the biblical teaching concerning the sacraments of Holy Baptism and the Lord's Supper, as well as the confession of sins, pages 13–37. Your children should study it diligently so they will be able to partake of Holy Communion with blessing and joy.

Page 39 contains prayers that your children should memorize, in order to be able to pray them from memory in class. This also provides you and your family with an opportunity to continue in daily prayer in your home.

2. An Order For First Communion

This part provides a rite to be used in the worship service the day that your child will receive the body and blood of the Lord Jesus for the first time, pages 43–51. It is included to help both you and your children become aware of the deep meaning the Lord's Supper has, as well as the importance of communing in a Christian congregation.

3. Martin Luther's Small Catechism

This part contains the fundamental teachings of Christianity, which have been taken from the Holy Scriptures, without

catecismo, escrito por el Dr. Martín Lutero en el año 1529, ha sido usado por más de cuatro siglos y medio en muchas partes del mundo, y aún hoy es de gran utilidad para conocer la voluntad de Dios y su camino de salvación. Esta enseñanza cristiana básica presenta a Jesucristo como el enviado de Dios para salvar al mundo.

Si usted, como padre o madre, enseña diariamente a sus hijos la verdad contenida en este catecismo, toda su familia será bendecida. Asimismo, tendrá la satisfacción de guiar a sus hijos por la senda de la salvación y la vida que nunca acaba. Jesucristo murió en la cruz del Calvario para dar a usted y a los suyos el perdón de los pecados y la paz con Dios. La lectura y el estudio de este material le permitirán gozar de estas bendiciones de lo alto.

Debemos reconocer que son muchos los que, lamentablemente, no quieren encontrar tiempo para dedicarse a cosas tan importantes como éstas. Es triste observar cómo hay quienes se pierden las bendiciones de Dios por negligencia o ignorancia. Para que usted y su familia puedan disfrutar de todas las riquezas del Dios todopoderoso y lleno de amor, lo alentamos a tomar con toda seriedad el estudio de este manual.

El Catecismo Menor de Lutero trata los siguientes temas:

Los Diez Mandamientos
El Credo Apostólico
El Padrenuestro
El Sacramento del Santo Bautismo
La Confesión y Absolución
El Sacramento del Altar

El Dr. Lutero agregó algunas oraciones y textos bíblicos para enseñar a los cristianos a poner toda su confianza en Dios, y para vivir una vida de acuerdo a la enseñanza de Jesucristo.

Se incluye además, en este manual, *El oficio de las llaves*, que es la enseñanza histórica de la Iglesia Luterana acerca de la absolución pública y privada de los pecados, página 96. Tal enseñanza fue redactada en tiempos de Lutero, y usada para la instrucción de los catecúmenos pertenecientes a la Iglesia Luterana.

knowledge of which no one can come to true faith in Jesus Christ or enter eternal life, pages 52–97. This Catechism was written by Dr. Martin Luther in 1529 and has been in use in many parts of the world for more than four-and-a-half centuries. It is still of great value for teaching us what the will of God is and the true way of salvation. This teaching reveals to us that Jesus Christ was sent by God to gain salvation for the whole world.

If you parents daily teach your children the truth contained in this catechism, your whole family will be blessed. You will also have the satisfaction of knowing that you have guided your children on the way to salvation and the life that never ends. Jesus Christ died on the cross on Calvary in order to earn forgiveness of sins and peace with God for you and your children. Reading and studying this material will bring you these blessings from on high.

Sad to say, many parents refuse to take the time needed for doing such important things as these. It is sad to see how many lose God's blessings through their own negligence or ignorance. In order that you and your family will be able to enjoy all those rich blessings of Almighty God, who loves you so dearly, we urge you to take up the study of this book in all seriousness.

Luther's Small Catechism deals with the following subjects:
The Ten Commandments
     The Apostles' Creed
     The Lord's Prayer
     The Sacrament of Holy Baptism
     The Confession
     The Sacrament of the Altar

To these Dr. Martin Luther added some prayers and biblical texts, which teach Christians to put their trust in God and to live according to the teachings of Jesus Christ.

In addition, *The Office of the Keys* has also been included in this book. This is the historical teaching of the Lutheran Church concerning public and private absolution of those who have sinned, page 97. This teaching was formulated at the time of Luther and used in the instruction of people preparing to become communicant members of the Lutheran Church.

Finalmente, se agregan también las *Preguntas cristianas con sus respuestas,* páginas 98–102, que Lutero preparó para los que intentan comulgar.

Se le recomienda vigorosamente que aprenda de memoria las partes de este manual juntamente con sus hijos. De este modo, el contenido de este libro será de bendición continua para toda su familia durante toda la vida.

Quiera Dios, a través de este medio, y en comunión con Cristo, hacer crecer y madurar a sus hijos para un servicio gozoso dentro de su iglesia.

¡Que el Señor bendiga a todos los que leen y aprenden de este manual! Amén.

Finally, the *Christian Questions with Their Answers,* prepared by Luther for those who intend to commune, have been added, pages 99–103.

We urge you to memorize the parts of the Small Catechism with your children. In this way these texts and their explanations will be a blessing for you and all your family your whole life long.

God grant that this little book will help your children to grow and become more mature in Christ so that they will always serve Him joyfully as members of His church.

God bless all who read and learn from this book!

Lección 1
Los sacramentos

Un sacramento es un acto santo que Jesucristo nos dio. A través de él, Dios nos ofrece y asegura el perdón de los pecados. La palabra *sacramento* no aparece en la Biblia, pero es muy usada desde hace muchos siglos por algunas iglesias cristianas.

¿Sabes por qué es diferente un sacramento de otros actos que hacemos?

Porque un sacramento no usa sólo cosas que encontramos en la tierra, sino que las usa junto con la Palabra de Dios.

En la Iglesia Luterana practicamos los dos sacramentos que Jesucristo nos dejó en la Biblia: *el Santo Bautismo* y *la Santa Comunión*.

Quizás te preguntes, *¿por qué Jesucristo nos dio estos sacramentos?*

Jesucristo nos los dio porque nacimos con el pecado que recibimos de nuestros padres, de modo que desde el primer día de nuestra vida hacemos lo contrario a lo que Dios quiere que hagamos.

Presta atención a lo que dice la Biblia acerca de nuestros pecados:

El profeta David dijo: *En verdad, soy malo desde que nací; soy pecador desde el seno de mi madre.* Salmo 51.5

El profeta Moisés escribió: *El Señor vio que era demasiada la maldad del hombre en la tierra y que éste siempre estaba pensando en hacer lo malo.* Génesis 6.5

Tienes que saber, además, que por nosotros mismos no podemos quitarnos lo malo que hacemos, lo que llamamos pecado. Solamente Dios puede hacerlo por nosotros.

First Lesson
The Sacraments

A sacrament is a holy act, given to us by Jesus Christ, through which He offers forgiveness of sins. The word *sacrament* is not found in the Bible, but it has been used for hundreds of years by some Christian churches.

Do you know why a sacrament is different from other religious acts?

A sacrament not only uses things we find here on earth, but it uses them together with the word of God.

In the Lutheran Church we celebrate two sacraments as Jesus Christ commanded us to do in the Bible: *Holy Baptism* and *Holy Communion.*

Perhaps you are asking, *"Why did Jesus Christ give us these sacraments?"*

Jesus Christ gave them to us because we were born with the sin we got from our parents, and so from our first day of life we do the opposite of what God wants us to do.

Read what the Bible says about our sins:

> The prophet David said, *Surely I was sinful at birth, sinful from the time my mother conceived me.* Psalm 51:5
>
> The prophet Moses wrote: *The Lord saw how great man's wickedness on the earth had become, and that every inclination of the thoughts of his heart was only evil all the time.* Genesis 6:5

You also need to know that by ourselves we cannot get rid of the wrong things we do, which we call sin. Only God can do this for us.

It is very important for you to know how God does this for us: Since God loves everyone in the world very much and does not want anyone to carry around a load of sin, He decided to

Encontrarás muy interesante saber en qué forma Dios hace esto por nosotros:

Como Dios quiere mucho a todas las personas del mundo, y no quiere que sufran el pecado, decidió venir a la tierra. Aproximadamente dos mil años atrás, Dios nació como hombre en Belén, se llamó Jesús, vivió entre los judíos, y murió crucificado por los soldados romanos. Jesús no había cometido ningún pecado, pero murió como consecuencia de nuestra desobediencia a Dios. En otras palabras, él fue castigado por nuestra culpa. Sin embargo, resucitó de los muertos, vive con su Padre en el cielo, y nos acompaña a nosotros en la tierra a través del Espíritu Santo. Los que creemos esto, recibimos el perdón de Dios.

Aquí es donde encontramos el sentido a los sacramentos: a través del Bautismo y de la Santa Comunión, Dios nos da el perdón de nuestros pecados. Al creer esto podemos hacer mejor lo que Dios quiere que hagamos.

Oración: *Padre santo, te doy gracias porque viniste a nuestro mundo a través de Jesús. Te doy gracias, también, porque sigues viniendo a nosotros a través del Bautismo y de la Santa Comunión. En el nombre de Cristo Jesús. Amén.*

come to earth as a human. About 2,000 years ago God was born in Bethlehem. He was called Jesus. He lived among the Jews and died when He was crucified by Roman soldiers. Jesus had not done anything wrong, but He died because we had been disobedient to God. In other words, He was punished because of our guilt. And what is just as important, He arose from death. Now He lives with His Father in heaven, yet He is with us on earth through His Holy Spirit. God gives forgiveness of sins to all who believe this.

This is the meaning to be found in the sacraments. Through Baptism and Holy Communion God gives us the forgiveness of all of our sins. When we believe this we are able to live more like God wants us to.

Pray to God like this: *Holy Father, I thank You because You came to our world in Your Son Jesus. I also thank You because You continue to come to us in Baptism and Holy Communion. In the name of Jesus Christ. Amen.*

Lección 2
El Santo Bautismo

El Santo Bautismo es el sacramento que Cristo Jesús nos dio. Por medio del bautismo nacemos de nuevo, y pasamos a formar parte de la familia de Dios.

¿En qué momento suceden estas cosas?

Cuando se echa agua sobre una persona y se dice: "Yo te bautizo en el nombre del Padre, y del Hijo, y del Espíritu Santo".

Estas palabras fueron usadas por primera vez por Cristo Jesús cuando, antes de volver a los cielos, ordenó a sus discípulos:

Vayan, pues, a las gentes de todas las naciones, y háganlas mis discípulos; bautícenlas en el nombre del Padre, del Hijo y del Espíritu Santo, y enséñenles a obedecer todo lo que les he mandado a ustedes. Mateo 28.19–20

¿Cómo es que el bautismo es tan poderoso para hacernos nacer de nuevo?

Porque el bautismo es de Dios, y él es todopoderoso. Cuando se usa la Palabra de Dios en el bautismo, el Espíritu Santo produce los cambios en la persona.

¿Sabes qué hay de bueno en ser bautizado?

Por medio del bautismo Dios nos da su Espíritu Santo, nos limpia de nuestros pecados, nos salva del diablo, nos da vida eterna, nos hace miembros de la familia de Dios, y nos da la fe.

Los cristianos nos alegramos por todas esas bendiciones que recibimos de Dios cuando fuimos bautizados, y decimos junto al apóstol Pedro:

Por medio del bautismo somos ahora salvados. 1 Pedro 3.21

Second Lesson
Holy Baptism

Holy Baptism is the sacrament Jesus Christ gave us, by which we are born into the Family of God.

When does all this happen?

It happens when water is put on someone while the words "I baptize you in the name of the Father and of the Son and of the Holy Spirit" are spoken.

These words were first used by Christ Jesus. Before He returned to heaven He commanded His disciples,

> *Go and make disciples of all nations, baptizing them in the name of the Father and of the Son and of the Holy Spirit, and teaching them to obey everything I have commanded you.*
> Matthew 28:19–20

What makes Baptism so powerful that it can cause people to be born again?

Baptism was given to us by God, and He is all-powerful. When the Word of God is spoken at Baptism, the Holy Spirit brings about these changes in the person being baptized.

Do you know what good it does to be baptized?

In Baptism God gives us His Holy Spirit, cleanses us from all our sins, saves us from the devil, gives us eternal life, makes us members of His own family, and gives us the faith to believe that we receive all these blessings.

We Christians rejoice because we received all these blessings from God when we were baptized, and we say with the apostle Peter:

> *This water symbolizes baptism that now saves you.*
> 1 Peter 3:21

¿Sabes qué día fuiste bautizado?

Pregunta a tus padres cómo fue tu bautismo. Ahora que sabes lo que significa, puedes celebrarlo cada año, dando gracias a Dios por tu nuevo nacimiento.

Oración: *Querido Padre, te doy gracias porque, a través del bautismo, me perdonaste los pecados, me hiciste tu hijo, y me diste la fe. En el nombre de Cristo Jesús. Amén.*

Do you know on which day you were baptized?

Ask your parents about your Baptism. Now that you know what meaning Baptism has, you can celebrate it every year with thanksgiving to God for your new birth.

Pray to God like this: *Dear Father in heaven, I thank You because in Baptism You forgave me all my sins, made me your child, and gave me faith. In the name of Jesus Christ. Amen.*

Lección 3
La Santa Comunión

La Santa Comunión es el sacramento que Cristo Jesús nos dio como la comida de la familia de Dios. Por medio de esa comida nos fortalece en nuestra nueva vida como hijos e hijas de Dios.

¿Cuándo fue dada la Santa Comunión?

Jesús dio la Santa Comunión por primera vez a sus discípulos la noche antes de morir en la cruz, cuando celebraban la cena pascual.

Por mandato de Dios los judíos celebraban una cena especial cada año, llamada "cena de pascua", para recordar que Dios los había librado de la esclavitud de Egipto.

Fue durante esa celebración que Jesús tomó del pan sin levadura, usado en la cena pascual, oró dando gracias a Dios por él, lo partió, y se lo dio a sus discípulos, y les dijo:

> *Esto es mi cuerpo, entregado a muerte para bien de ustedes. Hagan esto en memoria de mí.* 1 Corintios 11.24

Más tarde, al terminar la cena pascual, tomó la copa de vino usada en la cena, oró dando gracias a Dios, se la pasó a ellos y les dijo:

> *Esta copa es el nuevo pacto confirmado con mi sangre. Cada vez que beban, háganlo en memoria de mí.* 1 Corintios 11.25

¿Cómo celebramos la Santa Comunión?

Tomamos pan y vino, como hizo Jesús, oramos dando gracias a Dios por ellos, y luego comemos el pan y bebemos el vino.

Es importante que sepamos que hacemos esto por mandato de Jesucristo, y, por eso, ésta no es una

Third Lesson
Holy Communion

Holy Communion is the sacrament Jesus Christ gave us as the meal of the family of God by which we are strengthened in our new life as children of God.

When was Holy Communion given?

Holy Communion was first given by Jesus to His disciples as they were eating the Passover meal the night before He died on the cross.

Because God had commanded them to do so, the Jews celebrated a special supper each year called "the Passover meal" to remind them that God had freed them from slavery in Egypt.

It was during that celebration that Jesus took some of the unleavened bread used in the Passover meal and gave thanks to God for it. Then He broke it and give it to His disciples with these words:

> *This is my body, which is for you; do this in remembrance of me.* 1 Corinthians 11:24

Later, when the Passover meal was finished, He took the cup of wine used in the Passover meal and gave thanks to God for it. Then He offered it to His disciples with the words,

> *This cup is the new covenant in my blood; do this, whenever you drink it, in remembrance of me.* 1 Corinthians 11:25

How do we celebrate Holy Communion?

We take bread and wine, like Jesus did, give thanks to God for them, and then eat the bread and drink the wine.

It is important that we realize that we do this because Jesus commanded us to. Therefore, this is not a common

comida como cualquier otra, sino que es santa, porque, junto con el pan y el vino, también comemos el cuerpo de Jesucristo y bebemos su sangre para recibir las más grandes bendiciones de Dios.

¿Qué nos da Dios a través de la Santa Comunión?

Al recibir el cuerpo y la sangre de Cristo Jesús, Dios nos asegura el perdón de nuestros pecados. Mateo escribió lo que Jesús dijo a sus discípulos:

> *Beban todos ustedes de esta copa, porque esto es mi sangre, con la que se confirma el pacto, la cual es derramada en favor de muchos para perdón de sus pecados.* Mateo 26.27–28

El perdón de los pecados es lo más importante que podemos recibir de parte de Dios. Ahora Cristo puede vivir en nosotros y dirigir nuestra vida, para que nunca nos apartemos de su lado.

Cada vez que comemos el cuerpo y tomamos la sangre de Jesús, Dios nos da también fuerzas para confiar siempre en él y cumplir sus mandamientos.

Cuando participamos en la Santa Comunión también nos recordamos a nosotros mismos que la sangre de Jesús nos compró, y que ahora le pertenecemos a él.

El apóstol Pablo dijo:

> *Ninguno de nosotros vive para sí mismo ni muere para sí mismo. Si vivimos, para el Señor vivimos; y si morimos, para el Señor morimos. De manera que, tanto en la vida como en la muerte, del Señor somos.* Romanos 14.7–8

meal like those we eat every day, but it is holy because in it, along with the bread and wine, we also receive the body and blood of Jesus Christ; and that is how we receive God's highest blessings.

What does God give us in Holy Communion?

When we receive the body and blood of the Lord Jesus, God assures us that our sins are forgiven. St. Matthew reminds us what Jesus said to His disciples:

> *Drink from [this cup], all of you. This is my blood of the covenant, which is poured out for many for the forgiveness of sins.* Matthew 26:27–28

The forgiveness of our sins is the greatest gift we receive from God. When our sins are forgiven Jesus Christ lives in us and directs our lives.

Each time we eat the body and drink the blood of the Lord Jesus, God also gives us the strength we need to trust in Him and obey his commandments.

When we receive Holy Communion we also remind ourselves that the blood of Jesus was the price that was paid to buy us back from sin, so that now we belong to Him.

The Apostle Paul said,

> *None of us lives to himself alone and none of us dies to himself alone. If we live, we live to the Lord; and if we die, we die to the Lord. So, whether we live or die, we belong to the Lord.* Romans 14:7–8

En otra ocasión el apóstol Pablo también dijo:

> *Con Cristo he sido crucificado, y ya no soy yo quien vive, sino que es Cristo que vive en mí. Y la vida que ahora vivo en el cuerpo, la vivo por mi fe en el Hijo de Dios, que me amó y se entregó a la muerte por mí.* Gálatas 2.19–20

¿Quiénes participan y cuándo?

Sólo aquéllos que fueron bautizados y saben lo que es la Santa Comunión pueden y deben participar de ella.

Generalmente, la Santa Comunión se celebra cada domingo. En algunas congregaciones cristianas se lo hace una vez por mes. Pero, lo que más importa, es que nosotros participemos con frecuencia, porque cada vez que comemos y bebemos de la Santa Comunión, Jesucristo viene a nosotros, nos tranquiliza con su perdón, fortalece nuestra fe, y nos da fuerzas para cumplir con la voluntad de Dios.

Al participar de la Santa Comunión estamos también reconociéndonos como discípulos de Cristo Jesús y hermanos unos con otros en nuestra congregación.

Oración: *Querido Señor, te doy gracias porque me invitas a participar de la Santa Comunión. Fortalece mi fe en ti y mi comunión con los demás hermanos y hermanas de mi congregación. En el nombre de Cristo Jesús. Amén.*

The Apostle Paul also said,

> *I have been crucified with Christ and I no longer live, but Christ lives in me. The life I live in the body, I live by faith in the Son of God, who loved me and gave himself for me.* Galatians 2:20

Who can commune, and when should they do it?

Only those who have been baptized and know what Holy Communion is should commune.

Most often Holy Communion is celebrated every Sunday. In some Christian congregations it is celebrated only once a month. But what matters most is that we should commune frequently, because each time we receive Holy Communion Jesus Christ Himself comes to us and, by forgiving our sins, He strengthens our faith, gives us peace of mind, and gives us the strength to do the will of God.

When we receive Holy Communion, we also remember that we are followers of Jesus Christ and brothers and sisters of those who belong to our congregation.

Pray to God like this: *Dear Lord, I thank You for inviting me to receive Holy Communion. Strengthen my faith in You and the fellowship I have with my brothers and sisters in our congregation. In the name of Jesus Christ. Amen.*

Lección 4
La confesión de pecados

Aunque muchas veces nos cuesta admitir que no somos perfectos, y que hacemos cosas que no son buenas, es importante que aprendamos a reconocer que: somos pecadores, hacemos enojar a Dios con nuestro pecado, y necesitamos de su perdón.

¿Son todas las personas del mundo pecadoras? ¿No hay nadie que sea perfecto?

Observa lo que el apóstol Pablo dice de todas las personas del mundo:

Todos han pecado y están lejos de la presencia salvadora de Dios. Romanos 3.23

También dice de sí mismo:

Yo sé que en mí, es decir, en mi naturaleza de hombre pecador, no hay nada bueno; pues aunque tengo el deseo de hacer lo bueno, no soy capaz de hacerlo. No hago lo bueno que quiero hacer, sino lo malo que no quiero hacer. Romanos 7.18–19

Reconocer que somos imperfectos, confesar que somos pecadores, y esperar en el perdón de Dios, es la mejor manera de prepararnos para participar de la Santa Comunión.

¿Qué es la confesión de pecados?

Es cuando le contamos a Dios que fuimos desobedientes, y que no hemos podido cumplir con sus mandamientos.

Es muy difícil que podamos recordar todos nuestros pecados para contarlos detalladamente, por eso, a Dios le pedimos que nos perdone por todo lo malo que hacemos, y por todas las cosas buenas que no hacemos.

También es una buena práctica que confesemos al pastor, o a un cristiano que sepa perdonarnos en el

Fourth Lesson
Confession of Sins

Even though it is often difficult to admit that we are not perfect and that we do things that are not good, it is important that we learn to recognize that we are sinners, that we provoke our God to anger and that we stand in need of His forgiveness.

Is everyone in the world a sinner? Is there no one who is perfect?

Listen to what the Apostle Paul says about every single person in the world:

All have sinned and fall short of the glory of God. Romans 3:23

He also says this about himself:

I know that nothing good lives in me, that is, in my sinful nature. For I have the desire to do what is good, but I cannot carry it out. For what I do is not the good I want to do; no, the evil I do not want to do—this I keep on doing. Romans 7:18–19

To recognize that we are imperfect, to confess our sins, and to look to God for forgiveness is the best way to prepare ourselves for receiving Holy Communion.

What is the confession of sins?

It is telling God that we were disobedient and that we have not been able to obey His commandments.

It is impossible for us to remember all our sins, so we cannot tell God about them in detail. Therefore we ask God to forgive us for all the bad things we have done and for all the good things we have failed to do.

It is also a good thing to talk to the pastor about those sins that make us feel bad and have him tell us

nombre de Dios, aquellos pecados que nos entristecen.

Si confesamos nuestros pecados a Dios, ¿él siempre nos perdona?

El apóstol San Juan nos da la respuesta cuando dice:

> *Si confesamos nuestros pecados, podemos confiar en que Dios hará lo que es justo: nos perdonará nuestros pecados y nos limpiará de toda maldad.* 1 Juan 1.9

Si confesamos nuestros pecados a otro cristiano, lo que Cristo Jesús dijo a sus discípulos nos asegura que Dios nos perdona. Éstas son sus palabras:

> *Reciban el Espíritu Santo. A quienes ustedes perdonen los pecados, les quedarán perdonados; y a quienes no se los perdonen, les quedarán sin perdonar.* Juan 20.22–23

¿Hay alguna otra manera en que debemos confesar nuestros pecados?

Sí. Lo malo que hemos dicho, pensado, o hecho contra otra persona, se lo debemos confesar, y debemos pedirle: Por favor, perdóname.

¿Nos dice la Biblia que debemos hacer esto?

El apóstol Santiago responde:

> *Confiésense unos a otros sus pecados, y oren unos por otros para ser sanados.* Santiago 5.16

God forgives us. Or you can tell such sins to some other Christian who knows how to forgive sins in God's name.

If we confess our sins to God, is He always ready to forgive our sins?
The Apostle John gives us the answer to that question:

If we confess our sins, he is faithful and just and will forgive us our sins and purify us from all unrighteousness. 1 John 1:9

If we confess our sins to another Christian, the words Jesus spoke to His disciples make us sure of God's forgiveness:

Receive the Holy Spirit. If you forgive anyone his sins, they are forgiven; if you do not forgive them, they are not forgiven. John 20:22–23

Is there any other way we should confess our sins?
Yes. If we have done something bad to another person, or even if we have only thought or said something bad about someone else we should tell the person about it and say, "Please forgive me."

Does the Bible tell us to do this?
The apostle James answers:

Confess your sins to each other and pray for each other so that you may be healed. James 5:16

También Jesús enseñó a sus discípulos de esta manera:

> *Así que, si al llevar tu ofrenda al altar te acuerdas de que tu hermano tiene algo contra ti, deja tu ofrenda allí mismo delante del altar y ve primero a ponerte en paz con tu hermano. Entonces podrás volver al altar y presentar tu ofrenda.* Mateo 5.23-24

Una última cosa a tener en cuenta antes de comulgar: Ante la mesa del Señor somos todos iguales, y, como sus hijos, estamos llamados a respetarnos, amarnos, y ayudarnos unos a otros. Así que, cada vez que participamos de la Santa Comunión, estamos fortaleciendo nuestra fe, y el lazo de amor entre nosotros.

Jesús nos pidió que nos amáramos unos a otros con estas palabras:

> *Les doy este mandamiento nuevo: Que se amen los unos a los otros. Así como yo los amo a ustedes, así deben amarse ustedes los unos a los otros.* Juan 13.34

Oración: *Querido Padre, te doy gracias porque me has enseñado a confesar mis pecados, tanto ante ti, como ante mi prójimo. Ayúdame para que todos los días me confiese pecador, y reciba tu perdón. En el nombre de Cristo Jesús. Amén.*

And Jesus taught this to His disciples:

If you are offering your gift at the altar and there remember that your brother has something against you, leave your gift there in front of the altar. First go and be reconciled to your brother; then come and offer your gift. Matthew 5:23–24

One other thing we should remember before receiving Holy Communion is that at the Lord's Table we are all equal, and as His children we are called upon to respect, love, and help one another. So each time we receive Holy Communion we will be making our faith stronger and the bond of love that there is between us will also grow stronger.

Jesus used these words to ask us to love one another:

A new command I give you: Love one another. As I have loved you, so you must love one another. John 13:34

Pray to God like this: Dear Lord, I thank you for teaching me to confess my sins to You and to my neighbor. Help me to do that every day, so I will always have your forgiveness. In the name of Jesus Christ. Amen.

El Padrenuestro

Padre nuestro que estás en los cielos, santificado sea tu nombre; venga a nos tu reino; hágase tu voluntad, así en la tierra como en el cielo; el pan nuestro de cada día, dánoslo hoy; y perdónanos nuestras deudas, así como nosotros perdonamos a nuestros deudores; y no nos dejes caer en la tentación; mas líbranos del mal; porque tuyo es el reino, el poder y la gloria por los siglos de los siglos. Amén.

Nuestra confesión de fe
El Credo Apostólico

Creo en Dios Padre todopoderoso, Creador del cielo y de la tierra.

Y en Jesucristo, su único Hijo, nuestro Señor; que fue concebido por obra del Espíritu Santo, nació de la virgen María; padeció bajo el poder de Poncio Pilatos, fue crucificado, muerto y sepultado; descendió a los infiernos; al tercer día resucitó de entre los muertos; subió a los cielos y está sentado a la diestra de Dios Padre todopoderoso; y desde allí ha de venir a juzgar a los vivos y a los muertos.

Creo en el Espíritu Santo; la santa iglesia cristiana, la comunión de los santos; el perdón de los pecados; la resurrección de la carne y la vida perdurable. Amén.

The Lord's Prayer

Our Father in heaven, hallowed be Your name, Your kingdom come, Your will be done on earth as in heaven. Give us today our daily bread. Forgive us our sins as we forgive those who sin against us. Lead us not into temptation, but deliver us from evil. For the kingdom, the power, and the glory are Yours now and forever. Amen.

Our Confession of Faith
The Apostles' Creed

I believe in God, the Father Almighty, Maker of heaven and earth.

And in Jesus Christ, His only Son, our Lord, who was conceived by the Holy Spirit, born of the Virgin Mary, suffered under Pontius Pilate, was crucified, died and was buried. He descended into hell. The third day He rose again from the dead. He ascended into heaven and sits at the right hand of God, the Father Almighty. From thence He will come to judge the living and the dead.

I believe in the Holy Spirit, the holy Christian church, the communion of saints, the forgiveness of sins, the resurrection of the body, and the life everlasting. Amen.

Oración antes de comulgar

Querido Salvador, te doy gracias porque me invitas a tu mesa para recibir tu amor y tu cuidado. Llena mi corazón con fe y amor hacia ti, para que reciba tu cuerpo y sangre con bendición. Fortalece el lazo de hermandad entre todos los que participamos hoy de la Santa Comunión. Amén.

Oración después de comulgar

Querido Salvador, gracias porque tú mismo has venido a vivir en mi vida. Ayúdame, para que yo también viva en ti. Que tu cuerpo y sangre me fortalezcan en la fe, y que aumenten mi amor hacia ti y hacia las personas que están a mi alrededor. Permite que viva como tu hijo obediente aquí en la tierra hasta que me recibas en el cielo. Amén.

Prayer Before Receiving Holy Communion

Dear Savior, I thank You for inviting us to Your table, where we receive Your loving care. Fill my heart with faith in You and love for You so that I will receive Your body and blood with blessing. Strengthen the bond of fellowship among all those who will receive Holy Communion this day. Amen.

Prayer After Receiving Holy Communion

Dear Savior, I also thank You because You Yourself have come to live in me. Help me to always live in You also. May Your body and blood strengthen my faith and increase my love for You and for all those around me. Let me live as Your obedient child here on earth until You receive me in heaven. Amen.

Orden para la primera comunión

Los niños que se presentan para participar de la Santa Comunión deben ser primeramente instruidos acerca del significado de este sacramento, y acerca de la confesión de los pecados. Deben demostrar, además, al pastor o a los ancianos de la iglesia, que conocen lo suficiente como para participar del sacramento con bendición.

Cada niño puede presentarse ante el altar acompañado de sus padrinos de bautismo y/o de sus padrinos para la primera comunión. Estos últimos deberán ser, preferentemente, miembros comulgantes de la congregación. Se aconseja consultar con el pastor antes de la elección de los padrinos para la primera comunión.

Este orden seguirá a la lectura del evangelio del día en la liturgia de la Santa Comunión.

El oficiante se dirige a la congregación.

Oficiante: Los siguientes niños han sido instruidos en la enseñanza bíblica acerca del Bautismo, la confesión de los pecados, y la Santa Comunión, y han sido aprobados para participar de la Mesa del Señor. Al ser llamados por su nombre, pido que cada uno se presente ante el altar, juntamente con sus padres y padrinos.

El oficiante leerá los nombres de cada niño junto con los de sus padrinos. También podrá decir a qué familia pertenecen, el nombre de sus padres, desde cuándo pertenecen a la congregación, etc. Al presentarse ante el altar, permanecerán de pie.

Oficiante: Así dice el Señor Jesús: "El que come mi cuerpo y bebe mi sangre, tiene vida eterna; y yo lo resucitaré en el día último. Porque mi cuerpo es verdadera comida, y mi sangre es verdadera bebida. El que come mi cuerpo y bebe mi sangre, vive unido a mí, y yo vivo unido a él." Juan 6.54–56

An Order for First Communion

Prior to receiving first Communion the children who are to be communed shall have received instruction concerning the meaning of Holy Communion and confession. In addition, they shall have demonstrated to the pastor or the elders of the congregation that they know enough to be able to receive the sacrament with blessing.

Each child may come to the altar accompanied by his or her baptismal sponsors and/or first Communion sponsors. The latter should preferably be communicant members of the congregation. Parents are urged to consult with the pastor before choosing the sponsors for First Communion.

This order shall follow the Gospel of the Day in the liturgy of Holy Communion.

The officiant shall say to the congregation:

Officiant: The following children have been instructed in the teachings of Scripture concerning Baptism, confession, and Holy Communion, and have been approved to join us at the Lord's Table. As I call each child's name, I ask that he or she come to the altar. Parents and sponsors may accompany the child.

The officiant shall read the name of each child and those of the sponsors. He may also name each child's family members, the names of his or her parents, how long each child has belonged to the congregation, etc. All who come forward shall remain standing before the altar.

Officiant: Our Lord Jesus Christ said, "Whoever eats my flesh and drinks my blood has eternal life, and I will raise him up at the last day. For my flesh is real food and my blood is real drink. Whoever eats my flesh and drinks my blood remains in me, and I in him" (John 6:54–56).

Oficiante: En el Santo Bautismo ustedes nacieron de nuevo y fueron hechos miembros de la familia de Dios, o sea, de la santa iglesia cristiana y apostólica. El apóstol Pablo la llama también el cuerpo de Cristo. En esta familia de Dios disfrutamos del gran don de amor que nuestro Salvador nos dio: la Santa Comunión.

Cuando el Señor Jesús ordenó: "hagan esto en memoria de mí", invitó a los suyos a recibir este don para el perdón de los pecados, el fortalecimiento de la fe, y para estrechar la comunión entre sus hijos.

Ustedes han aprendido lo que Cristo ha hecho para su salvación, y comprenden algo de la grandeza del don que se les ofrece hoy por primera vez. De la instrucción recibida entienden lo que significa ser pecador, y la necesidad que tienen de Dios y del perdón que él nos ofrece en Cristo Jesús. También experimentan el gozo de ser amados por Dios y de haber sido recibidos como hijos suyos. Están deseosos de participar de la Santa Comunión, y han de hacerlo con un corazón que le dice a Cristo: ¡Mil gracias, Señor, por poder venir a tu mesa!

El oficiante se dirige a los niños y a toda la congregación reunida.

Oficiante: Confesemos nuestra fe cristiana, como familia de Dios, usando las palabras del Credo Apostólico.

Todos: Creo en Dios Padre todopoderoso, Creador del cielo y de la tierra.

Y en Jesucristo, su único Hijo, nuestro Señor; que fue concebido por obra del Espíritu Santo, nació de la virgen María; padeció bajo el poder de Poncio Pilatos, fue crucificado, muerto y sepultado; descendió a los infiernos; al tercer día resucitó de entre los muertos; subió a los cielos y está sentado a la diestra de Dios Padre todopoderoso; y desde allí ha de venir a juzgar

Officiant: In Holy Baptism you were given new birth and made members of the family of God, which is the one holy Christian and apostolic church. The Apostle Paul also calls it the body of Christ. In this family, we share in our Savior's great gift of love: Holy Communion.

When the Lord Jesus commanded, "Do this in remembrance of me," He invited all the members of His body to receive this gift by faith. By it, He wants to forgive their sins, strengthen their faith, and bring them into a closer relationship with one another.

You have learned what it is that Christ did for your salvation and so you have begun to understand how great this gift is, which He offers you today for the first time. From the instruction you have received, you understand not only what it means to be a sinner but also your need of God and His forgiveness offered us in Christ Jesus. You have also begun to feel the joy of having been loved by God and having been made His sons and daughters. Now you are anxious to receive the gift of Holy Communion and should do so with a heart that cries out, "Thank You, Lord! Thank You for inviting me to Your table!"

The officiant shall say to the children and the whole congregation:

Officiant: Let us all, as members of the family of God, confess our Christian faith in the words of the Apostles' Creed.

All: I believe in God, the Father Almighty, Maker of heaven and earth.

And in Jesus Christ, His only Son, our Lord, who was conceived by the Holy Spirit, born of the Virgin Mary, suffered under Pontius Pilate, was crucified, died and was buried. He descended into hell. The third day He rose again from the dead. He ascended into heaven and sits at the right hand of God, the

a los vivos y a los muertos.

Creo en el Espíritu Santo; la santa iglesia cristiana, la comunión de los santos; el perdón de los pecados; la resurrección de la carne y la vida perdurable. Amén.

El oficiante se dirige a los niños:

Oficiante: ¿Creen ustedes que en el Santo Bautismo Dios los aceptó como hijos suyos?

Niños: Sí, eso creo.

Oficiante: ¿Creen ustedes que deben participar en la Santa Comunión con gran gozo de corazón, porque en ella Cristo mismo viene al encuentro de ustedes, les afirma el perdón de sus pecados, y los fortalece para que confíen en él, y se amen unos a otros?

Niños: Sí, eso creo.

Oficiante: La congregación les invita a participar regular y frecuentemente de los servicios de adoración en la casa de Dios; que escuchen lo que Dios quiere decirles, y que le den gracias a Dios por todo. Seguirán siendo instruidos año tras año en la enseñanza cristiana, para que puedan crecer en la fe, y vivir como hijos de Dios. Comulgar frecuentemente les ayudará a lograr estas bendiciones. Al alcanzar una edad mayor podrán confirmar su fe y tener más responsabilidades en la congregación y en su obra. Les recomiendo, por lo tanto, que, con toda seriedad, se entreguen a Dios, y le obedezcan en todo.

(El siguiente rito es opcional, y dependerá de las costumbres locales.) El oficiante dará a cada niño una vela encendida.

Father Almighty. From thence He will come to judge the living and the dead.

I believe in the Holy Spirit, the holy Christian church, the communion of saints, the forgiveness of sins, the resurrection of the body, and the life everlasting. Amen.

The officiant shall say to the children:

Officiant: Do you believe that in Holy Baptism God received you as His sons and daughters?

Children: Yes, I believe that.

Officiant: Do you believe that you should receive Holy Communion with great joy in your hearts, because in it Christ Himself comes to meet you, assures you that your sins are forgiven, strengthens your faith in Him, and increases your love for others?

Children: Yes, I believe that.

Officiant: The congregation invites you to join in the worship services in God's house regularly and frequently, so that you listen to what God has to say to you, and to give Him thanks for everything. Year after year you need to continue to be instructed in Christian teaching so that you will grow in faith and live as children of God. Communing frequently will help you to take hold of these blessings. When you have grown older you can make confirmation of your faith so that you can take more responsibility for the congregation and its work. Therefore I urge you to be serious about the commitment to the Lord you have just made and to obey Him in everything.

(The following ceremony is optional and may be used or excluded according to local custom.) The officiant may give each child a lighted candle.

Oficiante: Recibe esta luz como símbolo de tu Señor Jesucristo, quien es la luz del mundo, y como señal de que quieres recibirlo en tu vida con amor y gratitud, para permanecer unido a él todos los días de tu vida.

El oficiante se dirige a los padres y padrinos.

Oficiante: Ustedes han oído las confesiones de estos niños y las recomendaciones que se les han hecho. A pesar de que toda la familia de Dios comparte el cuidado y la responsabilidad de ayudarles a crecer en Cristo, esto les incumbe a ustedes de una manera especial. Por lo tanto, les pregunto: ¿Ayudarán a estos niños en su camino de crecimiento en la fe y en sus responsabilidades cristianas?

Padres y padrinos: Sí, con la ayuda de Dios.

El oficiante se dirige a los niños.

Oficiante: Con la autoridad de Cristo y de su cuerpo, la iglesia, y en el nombre de nuestra congregación, les invito, niños, a participar de la fiesta de la Cena del Señor, para que, junto con todos nosotros, reciban sus bendiciones.

La congregación se pondrá de pie para orar.

Oficiante: Dios todopoderoso, tu Hijo Jesucristo amó a los niños y los llamó a estar en su presencia para darles su bendición. Te rogamos que bendigas a estos niños y aumentes en ellos la fe en Cristo, su Salvador, mediante tu presencia en la Santa Cena. Mientras crecen físicamente, haz que también crezcan en aquél que es la cabeza, hasta que todos lleguemos a la unidad de la fe y del conocimiento del Hijo de Dios, y alcancemos la madurez y el desarrollo que corresponden a la estatura perfecta de Cristo.

Officiant: Take this light as a reminder of your Lord Jesus Christ, who is the Light of the world, and as a sign of your willing-ness to live in love toward Him and in thanksgiving to God, in order to remain united to Him all the days of your life.

The officiant shall say to the parents and sponsors:

Officiant: You have heard the confession these children have made, as well as how I have urged them to live. Even though the whole family of God shares in the responsibility of caring for these children and helping them come to maturity in Christ, this duty is especially incumbent upon you. Therefore I ask you: Will you help these children to grow in their faith and their Christian responsibilities?

Parents and Sponsors: Yes, with the help of God.

The officiant shall say to the children:

Officiant: By the authority of Christ and His body, the church, and in the name of this congregation, I invite you, children, to share in the feast of the Lord's Supper, by which you will, together with us all, receive the blessings of His grace.

The congregation shall stand to pray.

Officiant: Almighty God, Your Son Jesus Christ loved children and called them into His presence to bless them. We beg of You to bless these children and increase their faith in Christ their Savior through His gracious presence in this Holy Supper. As they grow physically, also cause them to grow up into Him who is the Head, until we all reach unity in the faith and in the knowledge of the Son of God and become mature, attaining to the whole measure of the fullness of Christ.

Haz que traigan bendición a la vida de todos los que los rodean, y que hagan honor a tu santo nombre en todo lo que piensan, dicen y hacen. Por tu Hijo Jesucristo, nuestro Señor, que vive y reina contigo y con el Espíritu Santo, un solo Dios por los siglos de los siglos.

Todos: Amén.

Los niños pueden arrodillarse. El oficiante pone su mano derecha sobre cada uno de ellos y dice:

Oficiante: El Padre en el Cielo, por causa de Cristo Jesús, renueve y aumente en ti el don del Espíritu Santo para el fortalecimiento de tu fe, tu crecimiento en el amor, tu paciencia en los sufrimientos, tu compromiso en el servicio, y tu alegría en el camino de la vida eterna.

El oficiante se dirige a los niños.

Oficiante: La bendición de Dios todopoderoso, Padre, Hijo y Espíritu Santo, sea con todos ustedes ahora y siempre. Amén.

May they bring blessing to the lives of all those around them and give honor to Your holy name in all they think and say and do. Through Your Son, Jesus Christ our Lord, who lives and reigns with You and the Holy Spirit, one God, now and forever.

All: Amen.

The children may kneel. The officiant may place his right hand on each one of them and say:

Officiant: The Father in heaven, for Jesus' sake, renew and increase the gift of the Holy Spirit in you, for your strengthening in faith, your growth in grace, your patience in suffering, your commitment to serving others, and your joy in the blessed hope of everlasting life.

The officiant shall say to the children:

Officiant: The blessing of Almighty God, the Father and the Son and the Holy Spirit, be with you all, now and forever. Amen.

El Catecismo Menor

del Dr. Martín Lutero (1483–1546), publicado en el año 1529

The Small Catechism

by Dr. Martín Lutero (1483–1546), originally published in 1529

I
Los Diez Mandamientos

Cómo el jefe de familia debe enseñarlos en forma muy sencilla a los de su casa.

El Primer Mandamiento

No tendrás dioses ajenos.

¿Qué quiere decir esto?

Más que a todas las cosas debemos temer y amar a Dios y confiar en él.

El Segundo Mandamiento

No usarás el nombre de tu Dios en vano.

¿Qué quiere decir esto?

Debemos temer y amar a Dios de modo que no usemos su nombre para maldecir, jurar, hechizar, mentir o engañar, sino que lo invoquemos en todas las necesidades, lo adoremos, alabemos y le demos gracias.

El Tercer Mandamiento

Santificarás el día de reposo.

¿Qué quiere decir esto?

Debemos temer y amar a Dios de modo que no despreciemos la predicación y su palabra, sino que la consideremos santa, la oigamos y aprendamos con gusto.

El Cuarto Mandamiento

Honrarás a tu padre y a tu madre.

¿Qué quiere decir esto?

Debemos temer y amar a Dios de modo que no despreciemos ni irritemos a nuestros padres y superiores, sino que los honremos, les sirvamos, obedezcamos, los amemos y tengamos en alta estima.

I
The Ten Commandments

As the head of the family should teach them in a simple way to his household

The First Commandment

You shall have no other gods.

What does this mean?

We should fear, love, and trust in God above all things.

The Second Commandment

You shall not misuse the name of the Lord your God.

What does this mean?

We should fear and love God so that we do not curse, swear, use satanic arts, lie, or deceive by His name, but call upon it in every trouble, pray, praise, and give thanks.

The Third Commandment

Remember the Sabbath day by keeping it holy.

What does this mean?

We should fear and love God so that we do not despise preaching and His Word, but hold it sacred and gladly hear and learn it.

The Fourth Commandment

Honor your father and your mother.

What does this mean?

We should fear and love God so that we do not despise or anger our parents and other authorities, but honor them, serve and obey them, love and cherish them.

El Quinto Mandamiento

No matarás.

¿Qué quiere decir esto?

Debemos temer y amar a Dios de modo que no hagamos daño o mal material alguno a nuestro prójimo en su cuerpo, sino que le ayudemos y hagamos prosperar en todas las necesidades de su vida.

El Sexto Mandamiento

No cometerás adulterio.

¿Qué quiere decir esto?

Debemos temer y amar a Dios de modo que llevemos una vida casta y decente en palabras y obras, y que cada uno ame y honre a su cónyuge.

El Séptimo Mandamiento

No hurtarás.

¿Qué quiere decir esto?

Debemos temer y amar a Dios de modo que no quitemos el dinero o los bienes de nuestro prójimo, ni nos apoderemos de ellos con mercaderías o negocios falsos, sino que le ayudemos a mejorar y conservar sus bienes y medios de vida.

El Octavo Mandamiento

No hablarás falso testimonio contra tu prójimo.

¿Qué quiere decir esto?

Debemos temer y amar a Dios de modo que no mintamos contra nuestro prójimo, ni le traicionemos, ni calumniemos, ni le difamemos, sino que le disculpemos, hablemos bien de él e interpretemos todo en el mejor sentido.

The Fifth Commandment

You shall not murder.

What does this mean?

We should fear and love God so that we do not hurt or harm our neighbor in his body, but help and support him in every physical need.

The Sixth Commandment

You shall not commit adultery.

What does this mean?

We should fear and love God so that we lead a sexually pure and decent life in what we say and do, and husband and wife love and honor each other.

The Seventh Commandment

You shall not steal.

What does this mean?

We should fear and love God so that we do not take our neighbor's money or possessions, or get them in any dishonest way, but help him to improve and protect his possessions and income.

The Eighth Commandment

You shall not give false testimony against your neighbor.

What does this mean?

We should fear and love God so that we do not tell lies about our neighbor, betray him, slander him, or hurt his reputation, but defend him, speak well of him, and explain everything in the kindest way.

El Noveno Mandamiento

No codiciarás la casa de tu prójimo.

¿Qué quiere decir esto?

Debemos temer y amar a Dios de modo que no tratemos de obtener con astucia la herencia o la casa de nuestro prójimo ni nos apoderemos de ellas con apariencia de derecho, sino que le ayudemos y cooperemos con él en la conservación de lo que le pertenece.

El Décimo Mandamiento

No codiciarás la mujer de tu prójimo, ni su siervo, criada, ganado ni cosa alguna de su pertenencia.

¿Qué quiere decir esto?

Debemos temer y amar a Dios de modo que no le quitemos al prójimo su mujer, sus criados o sus animales, ni los alejemos, ni hagamos que lo abandonen, sino que los instemos a que permanezcan con él y cumplan con sus obligaciones.

¿Qué dice Dios de todos estos mandamientos en conjunto?

Dice así: "Yo soy el Señor tu Dios, Dios celoso que castiga la maldad de los padres que me odian, en los hijos, nietos y bisnietos; pero que trato con amor por mil generaciones a los que me aman y cumplen mis mandamientos".

¿Qué quiere decir esto?

Dios amenaza con castigar a todos los que traspasan estos mandamientos. Por tanto, debemos temer su ira y no actuar en contra de dichos mandamientos. En cambio, él promete gracia y todo género de bienes a todos los que los cumplen. Por tanto, debemos amarlo y confiar en él y actuar gustosos conforme a sus mandamientos.

The Ninth Commandment

You shall not covet your neighbor's house.

What does this mean?

   We should fear and love God so that we do not scheme to get our neighbor's inheritance or house, or get it in a way which only appears right, but help and be of service to him in keeping it.

The Tenth Commandment

You shall not covet your neighbor's wife, or his manservant or maidservant, his ox or donkey, or anything that belongs to your neighbor.

What does this mean?

   We should fear and love God so that we do not entice or force away our neighbor's wife, workers, or animals, or turn them against him, but urge them to stay and do their duty.

What does God say about all these commandments?

He says: "I, the Lord your God, am a jealous God, punishing the children for the sin of the fathers to the third and fourth generation of those who hate Me, but showing love to a thousand generations of those who love Me and keep My commandments."

What does this mean?

   God threatens to punish all who break these commandments. Therefore, we should fear His wrath and not do anything against them. But He promises grace and every blessing to all who keep these commandments. Therefore, we should also love and trust in Him and gladly do what He commands.

II
El Credo

Cómo el jefe de familia debe enseñarlo en forma muy sencilla a los de su casa.

Artículo Primero: La Creación

Creo en Dios Padre todopoderoso, Creador del cielo y de la tierra.
¿Qué quiere decir esto?

Creo que Dios me ha creado y también a todas las criaturas; que me ha dado cuerpo y alma, ojos, oídos y todos los miembros, la razón y todos los sentidos y aún los sostiene, y además vestido y calzado, comida y bebida, casa y hogar, esposa e hijos, campos, ganado y todos los bienes; que me provee abundantemente y a diario de todo lo que necesito para sustentar este cuerpo y vida, me protege contra todo peligro y me guarda y preserva de todo mal; y todo esto por pura bondad y misericordia paternal y divina, sin que yo en manera alguna lo merezca ni sea digno de ello. Por todo esto debo darle gracias, ensalzarlo, servirle y obedecerle. Esto es con toda certeza la verdad.

Artículo Segundo: La Redención

Y en Jesucristo, su único Hijo, nuestro Señor; que fue concebido por obra del Espíritu Santo, nació de la virgen María; padeció bajo el poder de Poncio Pilatos, fue crucificado, muerto y sepultado; descendió a los infiernos; al tercer día resucitó de entre los muertos; subió a los cielos y está sentado a la diestra de Dios Padre todopoderoso; y desde allí ha de venir a juzgar a los vivos y a los muertos.
¿Qué quiere decir esto?

Creo que Jesucristo, verdadero Dios engendrado del Padre en la eternidad, y también verdadero hombre nacido de la virgen María, es mi Señor, que me ha redimido a mí, hombre perdido y condenado, y me ha rescatado y conquistado de todos los pecados, de la muerte y del poder del diablo, no con oro o plata, sino con

II
The Creed

As the head of the family should teach it in a simple way to his household

The First Article: Creation

I believe in God, the Father Almighty, Maker of heaven and earth.

What does this mean?

I believe that God has made me and all creatures; that He has given me my body and soul, eyes, ears, and all my members, my reason and all my senses, and still takes care of them.

He also gives me clothing and shoes, food and drink, house and home, wife and children, land, animals, and all I have. He richly and daily provides me with all that I need to support this body and life. He defends me against all danger and guards and protects me from all evil. All this He does only out of fatherly, divine goodness and mercy, without any merit or worthiness in me. For all this it is my duty to thank and praise, serve and obey Him. This is most certainly true.

The Second Article: Redemption

And in Jesus Christ, His only Son, our Lord, who was conceived by the Holy Spirit, born of the Virgin Mary, suffered under Pontius Pilate, was crucified, died and was buried. He descended into hell. The third day He rose again from the dead. He ascended into heaven and sits at the right hand of God, the Father Almighty. From thence He will come to judge the living and the dead.

What does this mean?

I believe that Jesus Christ, true God, begotten of the Father from eternity, and also true man, born of the Virgin Mary, is my Lord, who has redeemed me, a lost and condemned person, purchased and won me from all sins, from death, and from the power of the devil; not with gold or silver, but with His holy, precious blood and with His innocent suffering and death, that

su santa y preciosa sangre y con su inocente pasión y muerte; y todo esto lo hizo para que yo sea suyo y viva bajo él en su reino, y le sirva en justicia, inocencia y bienaventuranza eternas, así como él resucitó de la muerte y vive y reina eternamente. Esto es con toda certeza la verdad.

Artículo Tercero: La Santificación

Creo en el Espíritu Santo; la santa iglesia cristiana, la comunión de los santos; el perdón de los pecados; la resurrección de la carne y la vida perdurable. Amén.

¿Qué quiere decir esto?

Creo que ni por mi propia razón, ni por mis propias fuerzas soy capaz de creer en Jesucristo, mi Señor, o venir a él; sino que el Espíritu Santo me ha llamado mediante el evangelio, me ha iluminado con sus dones, y me ha santificado y conservado en la verdadera fe, del mismo modo como él llama, congrega, ilumina y santifica a toda la cristiandad en la tierra, y la conserva unida a Jesucristo en la verdadera y única fe; en esta cristiandad él me perdona todos los pecados a mí y a todos los creyentes, diaria y abundantemente, y en el último día me resucitará a mí y a todos los muertos y me dará en Cristo, juntamente con todos los creyentes, la vida eterna. Esto es con toda certeza la verdad.

III
El Padrenuestro

Cómo el jefe de familia debe enseñarlo en forma muy sencilla a los de su casa.

Padre nuestro que estás en los cielos.

¿Qué quiere decir esto?

Con esto, Dios quiere atraernos para que creamos que él es nuestro verdadero Padre y nosotros sus verdaderos hijos, a fin de que le pidamos con valor y plena confianza, como hijos amados a su amoroso padre.

I may be His own and live under Him in His kingdom and serve Him in everlasting righteousness, innocence, and blessedness, just as He is risen from the dead, lives and reigns to all eternity. This is most certainly true.

The Third Article: Sanctification

I believe in the Holy Spirit, the holy Christian church, the communion of saints, the forgiveness of sins, the resurrection of the body, and the life everlasting. Amen.

What does this mean?

I believe that I cannot by my own reason or strength believe in Jesus Christ, my Lord, or come to Him; but the Holy Spirit has called me by the Gospel, enlightened me with His gifts, sanctified and kept me in the true faith. In the same way He calls, gathers, enlightens, and sanctifies the whole Christian church on earth, and keeps it with Jesus Christ in the one true faith. In this Christian church He daily and richly forgives all my sins and the sins of all believers. On the Last Day He will raise me and all the dead, and give eternal life to me and all believers in Christ. This is most certainly true.

III
The Lord's Prayer

As the head of the family should teach it in a simple way to his household

Our Father in heaven.

What does this mean?

With these words God tenderly invites us to believe that He is our true Father and that we are His true children, so that with all boldness and confidence we may ask Him as dear children ask their dear father.

Primera Petición

Santificado sea tu nombre.

¿Qué quiere decir esto?

El nombre de Dios ya es santo de por sí; pero rogamos con esta petición que sea santificado también entre nosotros.

¿Cómo sucede esto?

Cuando la palabra de Dios es enseñada en toda su pureza, y cuando también vivimos santamente conforme a ella, como hijos de Dios. ¡Ayúdanos a que esto sea así, amado Padre celestial! Pero quien enseña y vive de manera distinta de lo que enseña la palabra de Dios, profana entre nosotros el nombre de Dios. De ello ¡guárdanos, Padre celestial!

Segunda Petición

Venga a nos tu reino.

¿Qué quiere decir esto?

El reino de Dios viene en verdad por sí solo, aún sin nuestra oración. Pero rogamos con esta petición que venga también a nosotros.

¿Cómo sucede esto?

Cuando el Padre celestial nos da su Espíritu Santo, para que, por su gracia, creamos su santa palabra y llevemos una vida de piedad, tanto aquí en el mundo temporal como allá en el otro, eternamente.

Tercera Petición

Hágase tu voluntad, así en la tierra como en el cielo.

¿Qué quiere decir esto?

La buena y misericordiosa voluntad de Dios se hace, en verdad, sin nuestra oración; pero rogamos con esta petición que se haga también entre nosotros.

¿Cómo sucede esto?

Cuando Dios desbarata y estorba todo mal propósito y voluntad que tratan de impedir que santifiquemos el nombre de Dios y de

The First Petition

Hallowed by Your name.

What does this mean?

God's name is certainly holy in itself, but we pray in this petition that it may be kept holy among us also.

How is God's name kept holy?

God's name is kept holy when the Word of God is taught in its truth and purity, and we, as the children of God, also lead holy lives according to it. Help us to do this, dear Father in heaven! But anyone who teaches or lives contrary to God's Word profanes the name of God among us. Protect us from this, heavenly Father!

The Second Petition

Your kingdom come.

What does this mean?

The kingdom of God certainly comes by itself without our prayer, but we pray in this petition that it may come to us also.

How does God's kingdom come?

God's kingdom comes when our heavenly Father gives us His Holy Spirit, so that by His grace we believe His holy Word and lead godly lives here in time and there in eternity.

The Third Petition

Your will be done on earth in heaven.

What does this mean?

The good and gracious will of God is done even without our prayer, but we pray in this petition that it may be done among us also.

How is God's will done?

God's will is done when He breaks and hinders every evil plan and purpose of the devil, the world, and our sinful nature, which do not want us to hallow God's name or let His kingdom come; and when He strengthens and keeps us firm in His Word and faith until we die. This is His good and gracious will.

obstaculizar la venida de su reino, tales como la voluntad del diablo, del mundo y de nuestra carne. Así también se hace la voluntad de Dios, cuando él nos fortalece y nos mantiene firmes en su palabra y en la fe hasta el fin de nuestros días. Esta es su misericordiosa y buena voluntad.

Cuarta Petición

El pan nuestro de cada día, dánoslo hoy.

¿Qué quiere decir esto?

Dios da diariamente el pan, también sin nuestra súplica, aún a todos los malos; pero rogamos con esta petición que él nos haga reconocer esto y así recibamos nuestro pan cotidiano con gratitud.

¿Qué es esto: el pan cotidiano?

Todo aquello que se necesita como alimento y para satisfacción de las necesidades de esta vida, como: comida, bebida, vestido, calzado, casa, hogar, tierras, ganado, dinero, bienes; piadoso cónyuge, hijos piadosos, piadosos criados, autoridades piadosas y fieles; buen gobierno, buen tiempo; paz, salud, buen orden, buena reputación, buenos amigos, vecinos fieles, y cosas semejantes a éstas.

Quinta Petición

Y perdónanos nuestras deudas, así como nosotros perdonamos a nuestros deudores.

¿Qué quiere decir esto?

Con esta petición rogamos al Padre celestial que no tome en cuenta nuestros pecados, ni por causa de ellos nos niegue lo que pedimos. En efecto, nosotros no somos dignos de recibir nada de lo que imploramos, ni tampoco lo hemos merecido, pero quiera Dios dárnoslo todo por su gracia, pues diariamente pecamos mucho y sólo merecemos el castigo. Así, por cierto, también por nuestra parte perdonemos de corazón, y con agrado hagamos bien a los que contra nosotros pecaren.

The Fourth Petition

Give us today our daily bread.

What does this mean?

God certainly gives daily bread to everyone without our prayers, even to all evil people, but we pray in this petition that God would lead us to realize this and to receive our daily bread with thanksgiving.

What is meant by daily bread?

Daily bread includes everything that has to do with the support and needs of the body, such as food, drink, clothing, shoes, house, home, land, animals, money, goods, a devout husband or wife, devout children, devout workers, devout and faithful rulers, good government, good weather, peace, health, self-control, good reputation, good friends, faithful neighbors, and the like.

The Fifth Petition

Forgive us our sins, as we forgive those who sin against us.

What does this mean?

We pray in this petition that our Father in heaven would not look at our sins, or deny our prayer because of them. We are neither worthy of the things for which we pray, nor have we deserved them, but we ask that He would give them all to us by grace, for we daily sin much and surely deserve nothing but punishment. So we too will sincerely forgive and gladly do good to those who sin against us.

Sexta Petición

Y no nos dejes caer en la tentación.

¿Qué quiere decir esto?

Dios, en verdad, no tienta a nadie; pero con esta petición le rogamos que nos guarde y preserve, a fin de que el diablo, el mundo, y nuestra carne, no nos engañen y seduzcan, llevándonos a una fe errónea, a la desesperación, y a otras grandes vergüenzas y vicios. Y aún cuando fuéremos tentados a ello, que al fin logremos vencer y retener la victoria.

Séptima Petición

Mas líbranos del mal.

¿Qué quiere decir esto?

Con esta petición rogamos, como en resumen, que el Padre celestial nos libre de todo lo que pueda perjudicar nuestro cuerpo y alma, nuestros bienes y honra, y que al fin, cuando llegue nuestra última hora, nos conceda un fin bienaventurado, y, por su gracia, nos lleve de este valle de lágrimas al cielo, para morar con él.

Porque tuyo es el reino y el poder y la gloria por los siglos de los siglos*. Amén.

¿Qué quiere decir esto?

Que debo estar en la certeza de que el Padre celestial acepta estas peticiones y las atiende; pues él mismo nos ha ordenado orar así y ha prometido atendernos. Amén, amén, quiere decir: Sí, sí, que así sea.

*Estas palabras no estaban en el Catecismo Menor de Lutero.

The Sixth Petition

Lead us not into temptation.

What does this mean?

God tempts no one. We pray in this petition that God would guard and keep us so that the devil, the world, and our sinful nature may not deceive us or mislead us into false belief, despair, and other great shame and vice. Although we are attacked by these things, we pray that we may finally overcome them and win the victory.

The Seventh Petition

But deliver us from evil.

What does this mean?

We pray in this petition, in summary, that our Father in heaven would rescue us from every evil of body and soul, possessions and reputation, and finally, when our last hour comes, give us a blessed end, and graciously take us from this valley of sorrow to Himself in heaven.

For the kingdom, the power, and the glory are Yours now and forever.* Amen.

What does this mean?

This means that I should be certain that these petitions are pleasing to our Father in heaven, and are heard by Him; for He Himself has commanded us to pray in this way and has promised to hear us. Amen, amen means "Yes, yes, it shall be so."

*These words were not in Luther's Small Catechism

IV
El sacramento del Santo Bautismo

Cómo el jefe de familia debe enseñarlo en forma muy sencilla a los de su casa.

Primero

¿Qué es el bautismo?

El bautismo no es simple agua solamente, sino que es agua comprendida en el mandato divino y ligada con la palabra de Dios.

¿Qué palabra de Dios es ésta?

Es la palabra que nuestro Señor Jesucristo dice en el último capítulo del Evangelio según San Mateo: "Vayan, pues, a las gentes de todas las naciones, y háganlas mis discípulos; bautícenlas en el nombre del Padre, del Hijo y del Espíritu Santo".

Segundo

¿Qué dones o beneficios confiere el bautismo?

El bautismo efectúa perdón de los pecados, redime de la muerte y del diablo, y da la salvación eterna a todos los que lo creen, tal como se expresa en las palabras y promesas de Dios.

¿Qué palabras y promesas de Dios son éstas?

Son las que nuestro Señor Jesucristo dice en el último capítulo de Marcos: "El que crea y sea bautizado, será salvo; pero el que no crea, será condenado".

Tercero

¿Cómo puede el agua hacer cosas tan grandes?

El agua en verdad no las hace, sino la palabra de Dios que está con el agua y unida a ella, y la fe que confía en dicha palabra de Dios ligada con el agua, porque, sin la palabra de Dios, el agua es simple agua, y no es bautismo; pero, con la palabra de Dios, sí es bautismo, es decir, es un agua de vida, llena de gracia, y

IV
The Sacrament of Holy Baptism

As the head of the family should teach it in a simple way to his household

First

What is Baptism?

Baptism is not just plain water, but it is the water included in God's command and combined with God's word.

Which is that word of God?

Christ our Lord says in the last chapter of Matthew: "Therefore go and make disciples of all nations, baptizing them in the name of the Father and of the Son and of the Holy Spirit."

Second

What benefits does Baptism give?

It works forgiveness of sins, rescues from death and the devil, and gives eternal salvation to all who believe this, as the words and promises of God declare.

Which are these words and promises of God?

Christ our Lord says in the last chapter of Mark: "Whoever believes and is baptized will be saved, but whoever does not believe will be condemned."

Third

How can water do such great things?

Certainly not just water, but the word of God in and with the water does these great things, along with the faith which trusts this word of God in the water. For without God's word the water is plain water and no Baptism. But with the word of God it is a Baptism, that is, a life-giving water, rich in grace, and a washing of the new birth in the Holy Spirit, as St. Paul says in Titus, chapter three: "He saved us through the washing of rebirth and

un lavamiento de la regeneración en el Espíritu Santo, como San Pablo dice a Tito en el tercer capítulo: "Por medio del lavamiento nos ha hecho nacer de nuevo; por medio del Espíritu Santo nos ha dado nueva vida; y por medio de nuestro Salvador Jesucristo nos ha dado el Espíritu Santo en abundancia, para que, habiéndonos librado de culpa por su bondad, recibamos la vida eterna que esperamos". Esto es con toda certeza la verdad.

Cuarto

¿Qué significa este bautizar con agua?

Significa que el viejo Adán en nosotros debe ser ahogado por pesar y arrepentimiento diarios, y que debe morir con todos sus pecados y malos deseos; asimismo, también cada día debe surgir y resucitar el hombre nuevo, que ha de vivir eternamente delante de Dios en justicia y pureza.

¿Dónde está escrito esto?

San Pablo dice en Romanos, capítulo seis: "Pues por el bautismo fuimos sepultados con Cristo, y morimos para ser resucitados y vivir una vida nueva, así como Cristo fue resucitado por el glorioso poder del Padre" (Ro 6.4).

V
Confesión y absolución

Manera como se debe enseñar a la gente sencilla a confesarse

¿Qué es la confesión?

La confesión contiene dos partes. La primera, es la confesión de los pecados, y, la segunda, el recibir la absolución del confesor como de Dios mismo, no dudando de ella en lo más mínimo, sino creyendo firmemente que por ella los pecados son perdonados ante Dios en el cielo.

¿Qué pecados hay que confesar?

Ante Dios uno debe declararse culpable de todos los pecados, aún de aquellos que ignoramos, tal como lo hacemos en el Padrenuestro. Pero, ante el confesor, debemos confesar solamente

renewal by the Holy Spirit, whom He poured out on us generously through Jesus Christ our Savior, so that, having been justified by His grace, we might become heirs having the hope of eternal life. This is a trustworthy saying."

Fourth

What does such baptizing with water indicate?

It indicates that the Old Adam in us should by daily contrition and repentance be drowned and die with all sins and evil desires, and that a new man should daily emerge and arise to live before God in righteousness and purity forever.

Where is this written?

St. Paul writes in Romans chapter six: "We were therefore buried with Him through baptism into death in order that, just as Christ was raised from the dead through the glory of the Father, we too may live a new life."

V
Confession
How Christians should be taught to confess

What is Confession?

Confession has two parts. First, that we confess our sins, and second, that we receive absolution, that is, forgiveness, from the pastor as from God Himself, not doubting, but firmly believing that by it our sins are forgiven before God in heaven.

What sins should we confess?

Before God we should plead guilty of all sins, even those we are not aware of, as we do in the Lord's Prayer; but before the pastor we should confess only those sins which we know and feel in our hearts.

Which are these?

Consider your place in life according to the Ten Commandments: Are you a father, mother, son, daughter, husband, wife, or worker? Have you been disobedient, unfaithful, or lazy? Have you been

los pecados que conocemos y sentimos en nuestro corazón.

¿Cuáles son tales pecados?

Considera tu estado basándote en los Diez Mandamientos, seas padre, madre, hijo o hija, señor o señora o servidor, para saber si has sido desobediente, infiel, perezoso, violento, insolente, reñidor; si hiciste un mal a alguno con palabras u obras; si hurtaste, fuiste negligente o derrochador, o causaste algún otro daño.

¡Por favor, indícame una breve manera de confesarme!

De esta manera debes hablarle al confesor:

Honorable y estimado señor: le pido que tenga a bien escuchar mi confesión y declarar el perdón de mis pecados por Dios.

Di, pues:

Yo, pobre pecador, me confieso ante Dios que soy culpable de todos los pecados; especialmente me confieso ante su presencia que siendo sirviente, sirvienta, etc., sirvo lamentablemente en forma infiel a mi amo, pues aquí y allí no he hecho lo que me ha sido encomendado, habiéndolo movido a encolerizarse o a maldecir; he descuidado algunas cosas y he permitido que ocurran daños. He sido también impúdico en palabras y obras; me he irritado con mis semejantes y he murmurado y maldecido contra mi amo, etc. Todo esto lo lamento y solicito su gracia; quiero corregirme.

Un amo o ama debe decir así:

En especial confieso ante su presencia que no eduqué fielmente para gloria de Dios a mi hijo, sirviente, mujer. He maldecido; he dado malos ejemplos con palabras y obras impúdicas; he hecho mal a mi vecino, hablando mal de él, vendiéndole muy caro, dándole mala mercadería y no toda la cantidad que corresponde.

En general, deberá confesarse todo lo que uno ha hecho en contra de los Diez Mandamientos, lo que corresponde según su estado, etc.

Si alguien no se siente cargado de tales o aun mayores pecados, entonces no debe preocuparse o buscar más pecados ni inventarlos, haciendo con ello un martirio de la confesión, sino que debe contar uno o dos, tal como él lo sabe, de esta manera:

hot-tempered, rude, or quarrelsome? Have you hurt someone by your words or deeds? Have you stolen, been negligent, wasted anything, or done any harm?

The penitent says:

Dear confessor, I ask you please to hear my confession and to pronounce forgiveness in order to fulfill God's will.

I, a poor sinner, plead guilty before God of all sins. In particular I confess before you that as a servant, maid, etc., I, sad to say, serve my master unfaithfully, for in this and that I have not done what I was told to do. I have made him angry and caused him to curse. I have been negligent and allowed damage to be done. I have also been offensive in words and deeds. I have quarreled with my peers. I have grumbled about the lady of the house and cursed her. I am sorry for all of this and I ask for grace. I want to do better.

A master or lady of the house may say:

In particular I confess before you that I have not faithfully guided my children, servants, and wife to the glory of God. I have cursed. I have set a bad example by indecent words and deeds. I have hurt my neighbor and spoken evil of him. I have overcharged, sold inferior merchandise, and given less than was paid for.

[Let the penitent confess whatever else he has done against God's commandments and his own position.]

If, however, someone does not find himself burdened with these or greater sins, he should not trouble himself or search for or invent other sins, and thereby make confession a torture. Instead, he should mention one or two that he knows: In particular I confess that I have cursed; I have used improper words; I have neglected this or that, etc. Let that be enough.

But if you know of none at all (which hardly seems possible), then mention none in particular, but receive the forgiveness upon the general confession which you make to God before the confessor.

Then the confessor shall say:

God be merciful to you and strengthen your faith. Amen.

En especial confieso que he maldecido una vez; del mismo modo, que he sido desconsiderado una vez con palabras, que he descuidado esto, etc. Considera esto como suficiente.

Si no sientes ninguno (lo que no debería ser posible), entonces no debes decir nada en particular, sino recibir el perdón de la confesión general, así como lo haces ante Dios en presencia del confesor.

A ello debe responder el confesor:
Dios sea contigo misericordioso y fortalezca tu fe, Amén. Dime: ¿Crees tú también que mi perdón sea el perdón de Dios?

Sí, venerable señor.

Entonces dirá:
Así como has creído, de la misma forma acontezca en ti. Y yo, por mandato de nuestro Señor Jesucristo, te perdono tus pecados en el nombre del Padre y del Hijo y del Espíritu Santo. Amén. Ve en paz.

Aquellos que tengan gran carga de conciencia o estén afligidos o atribulados los sabrá consolar e impulsar hacia la fe un confesor con más pasajes bíblicos. Ésta debe ser sólo una manera usual de confesión para la gente sencilla.

Furthermore:

Do you believe that my forgiveness is God's forgiveness?

Yes, dear confessor.

Then let him say:

Let it be done for you as you believe. And I, by the command of our Lord Jesus Christ, forgive you your sins in the name of the Father and of the Son and of the Holy Spirit. Amen. Go in peace.

A confessor will know additional passages with which to comfort and to strengthen the faith of those who have great burdens of conscience or are sorrowful and distressed.

This is intended only as a general form of confession.

VI
El sacramento del Altar

Cómo el jefe de familia debe enseñarlo en forma muy sencilla a los de su casa.

¿Qué es el sacramento del altar?

Es el verdadero cuerpo y la verdadera sangre de nuestro Señor Jesucristo bajo el pan y el vino, instituido por Cristo mismo para que los cristianos lo comamos y bebamos.

¿Dónde está escrito esto?

Así escriben los santos evangelistas Mateo, Marcos y Lucas, y también San Pablo: "Nuestro Señor Jesucristo, la noche en que fue entregado, tomó el pan; y habiendo dado gracias, lo partió y dio a sus discípulos, diciendo: Tomen, coman; esto es mi cuerpo que por ustedes es dado. Hagan esto en memoria de mí. Asimismo tomó también la copa, después de haber cenado, y habiendo dado gracias, la dio a ellos, diciendo: Tomen, y beban de ella todos; esta copa es el nuevo pacto en mi sangre, que es derramada por ustedes para remisión de los pecados. Hagan esto, todas las veces que beban, en memoria de mí".

¿Qué beneficios confiere el comer y beber así?

Los beneficios los indican estas palabras: "por ustedes dado" y "por ustedes derramada para perdón de los pecados". O sea, por estas palabras se nos da en el sacramento perdón de pecados, vida y salvación; porque donde hay perdón de pecados, hay también vida y salvación.

¿Cómo puede el comer y beber corporal hacer una cosa tan grande?

Ciertamente, el comer y beber no es lo que la hace, sino las palabras que están aquí escritas: "Por ustedes dado" y "por ustedes derramada para perdón de los pecados". Estas palabras son, junto con el comer y beber corporal, lo principal en el sacramento. Y el que cree dichas palabras, tiene lo que ellas dicen y expresan; eso es: "el perdón de los pecados".

VI
The Sacrament of The Altar

As the head of the family should teach it in a simple way to his household

What is the Sacrament of the Altar?

It is the true body and blood of our Lord Jesus Christ under the bread and wine, instituted by Christ Himself for us Christians to eat and to drink.

Where is this written?

The holy Evangelists Matthew, Mark, Luke, and St. Paul write:

"Our Lord Jesus Christ, on the night when He was betrayed, took bread, and when He had given thanks, He broke it and gave it to the disciples and said: 'Take, eat; this is My body, which is given for you. This do in remembrance of Me.' In the same way also He took the cup after supper, and when He had given thanks, He gave it to them, saying, 'Drink of it, all of you; this cup is the new testament in My blood, which is shed for you for the forgiveness of sins. This do, as often as you drink it, in remembrance of Me.'"

What is the benefit of this eating and drinking?

These words, "Given and shed for you for the forgiveness of sins," show us that in the Sacrament forgiveness of sins, life, and salvation are given us through these words. For where there is forgiveness of sins, there is also life and salvation.

How can bodily eating and drinking do such great things?

Certainly not just eating and drinking do these things, but the words written here: "Given and shed for you for the forgiveness of sins." These words, along with the bodily eating and drinking, are the main thing in the Sacrament. Whoever believes these words has exactly what they say: "forgiveness of sins."

¿Quién recibe este sacramento dignamente?

El ayunar y prepararse corporalmente es, por cierto, un buen disciplinamiento externo; pero verdaderamente digno y bien preparado es aquél que tiene fe en las palabras: "por ustedes dado" y "por ustedes derramada para perdón de los pecados". Mas el que no cree estas palabras, o duda de ellas, no es digno, ni está preparado; porque las palabras "por ustedes" exigen corazones enteramente creyentes.

VII
Formas de bendición que el jefe de familia debe enseñar a los de su casa Para la mañana y la noche

Por la mañana, apenas hayas abandonado el lecho, te santiguarás y dirás así:

En el nombre de Dios Padre, Hijo y Espíritu Santo. Amén.

Entonces, puesto de rodillas o de pie, dirás el Credo y el Padrenuestro. Si quieres, puedes orar brevemente así:

Te doy gracias, Padre celestial, por medio de Jesucristo, tu amado Hijo, porque me has protegido durante esta noche de todo mal y peligro, y te ruego que también durante este día me guardes de pecados y de todo mal, para que te agrade todo mi obrar y vivir. En tus manos encomiendo mi cuerpo, mi alma y todo lo que es mío. Tu santo ángel me acompañe, para que el maligno no tenga ningún poder sobre mí. Amén.

Y luego dirígete con gozo a tu labor entonando quizás un himno, por ejemplo acerca de los Diez Mandamientos, o lo que tu corazón te dicte.

Por la noche, cuando te retires a descansar, te santiguarás y dirás así:

En el nombre de Dios Padre, Hijo y Espíritu Santo. Amén.

Entonces, puesto de rodillas o de pie, dirás el Credo y el Padrenuestro. Si quieres, puedes orar brevemente así:

Te doy gracias, Padre celestial, por medio de Jesucristo, tu

Who receives this sacrament worthily?

Fasting and bodily preparation are certainly fine outward training. But that person is truly worthy and well prepared who has faith in these words: "Given and shed for you for the forgiveness of sins." But anyone who does not believe these words or doubts them is unworthy and unprepared, for the words "for you" require all hearts to believe.

VII
Morning and Evening Prayers

In the morning when you get up, make the sign of the holy cross and say:

In the name of the Father and of the ✠ Son and of the Holy Spirit. Amen.

Then, kneeling or standing, repeat the Creed and the Lord's Prayer. If you choose, you may also say this little prayer:

I thank You, my heavenly Father, through Jesus Christ, Your dear Son, that You have kept me this night from all harm and danger; and I pray that You would keep me this day also from sin and every evil, that all my doings and life may please You. For into Your hands I commend myself, my body and soul, and all things. Let Your holy angel be with me, that the evil foe may have no power over me. Amen.

Then go joyfully to your work, singing a hymn, like that of the Ten Commandments, or whatever your devotion may suggest.

In the evening, when you go to bed, make the sign of the holy cross and say:

In the name of the Father and of the ✠ Son and of the Holy Spirit. Amen.

Then kneeling or standing, repeat the Creed and the Lord's Prayer. If you choose, you may also say this little prayer:

I thank You, my heavenly Father, through Jesus Christ, Your dear Son, that You have graciously kept me this day; and I pray that You would forgive me all my sins where I have done wrong,

amado Hijo, porque me has protegido benignamente en este día, y te ruego que me perdones todos los pecados que he cometido, y me guardes benignamente en esta noche. En tus manos encomiendo mi cuerpo, mi alma, y todo lo que es mío. Tu santo ángel me acompañe, para que el maligno no tenga ningún poder sobre mí. Amén.

Luego descansa confiadamente.

VIII
Cómo el jefe de familia debe enseñar a los de su casa la bendición y acción de gracias

Tanto los niños como los criados se acercarán a la mesa con las manos juntas y, reverentemente, dirán así:

Los ojos de todos esperan de ti que tú les des su comida a su tiempo. Abres tu mano y con tu buena voluntad satisfaces a todos los seres vivos.

Luego recitarán el Padrenuestro y esta oración:

Señor Dios, Padre celestial: Bendícenos y bendice estos tus dones, que de tu gran bondad recibimos. Por Jesucristo, nuestro Señor. Amén.

Acción de gracias

Así también, después de haber comido, dirán igualmente con reverencia y con las manos juntas:

Den gracias al Señor, porque él es bueno; porque su amor es eterno. Él da de comer a los animales y a las crías de los cuervos cuando chillan. No es la fuerza del caballo ni los músculos del hombre lo que más agrada al Señor; a él le agradan los que le honran, los que confían en su amor.

Entonces recitarán el Padrenuestro, añadiendo la siguiente oración: Te damos gracias, Señor Dios Padre, por Jesucristo, nuestro Señor, por todos tus beneficios: Tú que vives y reinas por todos los siglos. Amén.

and graciously keep me this night. For into Your hands I commend myself, my body and soul, and all things. Let Your holy angel be with me, that the evil foe may have no power over me. Amen.

Then go to sleep at once and in good cheer.

VIII
How The Head of The Family Should Teach His Household to Ask A Blessing And Return Thanks

The children and members of the household shall go to the table reverently, fold their hands, and say:

The eyes of all look to You, [O Lord,] and You give them their food at the proper time. You open Your hand and satisfy the desires of every living thing.

Then shall be said the Lord's Prayer and the following:

Lord God, heavenly Father, bless us and these Your gifts which we receive from Your bountiful goodness, through Jesus Christ, our Lord. Amen.

Returning Thanks

Also, after eating, they shall, in like manner, reverently and with folded hands say:

Give thanks to the Lord, for He is good. His love endures forever. [He] gives food to every creature. He provides food for the cattle and for the young ravens when they call. His pleasure is not in the strength of the horse, nor His delight in the legs of a man; the Lord delights in those who fear Him, who put their hope in His unfailing love.

Then shall be said the Lord's Prayer and the following:

We thank You, Lord God, heavenly Father, for all Your benefits, through Jesus Christ, our Lord, who lives and reigns with You and the Holy Spirit forever and ever. Amen.

IX
TABLA DE DEBERES

Ciertas porciones de las Sagradas Escrituras, por las cuales el cristiano es amonestado con respecto a su vocación y a sus deberes.

A los obispos, a los pastores y a los predicadores

La conducta del que tiene responsabilidades como dirigente ha de ser irreprensible. Debe ser esposo de una sola mujer y llevar una vida seria, juiciosa y respetable. Debe estar siempre dispuesto a hospedar gente en su casa; debe ser apto para enseñar; no debe ser borracho ni amigo de peleas, sino bondadoso, pacífico y desinteresado en cuanto al dinero. Debe saber gobernar bien su casa y hacer que sus hijos sean obedientes y respetuosos. *1 Timoteo 3.2–4*

El dirigente no debe ser un recién convertido, no sea que se llene de orgullo y caiga bajo la misma condenación en que cayó el diablo. *1 Timoteo 3.6*

Debe apegarse al verdadero mensaje que se le enseñó, para que también pueda animar a otros con la sana enseñanza y convencer a los que contradicen. *Tito 1.9*

Deberes de los cristianos
para con sus maestros y pastores

Coman y beban de lo que ellos tengan, pues el trabajador tiene derecho a su paga. *Lucas 10.7*

De igual manera, el Señor ha dispuesto que quienes anuncian el mensaje de salvación vivan de ese mismo trabajo. *1 Corintios 9.14*

El que recibe instrucción en el mensaje del evangelio, debe compartir con su maestro toda clase de bienes. No se engañen ustedes: nadie puede burlarse de Dios. *Gálatas 6.6–7*

IX
TABLE OF DUTIES

Certain passages of Scripture for various holy orders and positions, admonishing them about their duties and responsibilities

To bishops, pastors, and preachers

The overseer must be above reproach, the husband of but one wife, temperate, self-controlled, respectable, hospitable, able to teach, not given to drunkenness, not violent but gentle, not quarrelsome, not a lover of money. He must manage his own family well and see that his children obey him with proper respect. *1 Timothy 3:2–4*

He must not be a recent convert, or he may become conceited and fall under the same judgment as the devil. *1 Timothy 3:6*

He must hold firmly to the trustworthy message as it has been taught, so that he can encourage others by sound doctrine and refute those who oppose it. *Titus 1:9*

What the hearers owe their pastor

The Lord has commanded that those who preach the gospel should receive their living from the gospel. *1 Corinthians 9:14*

Anyone who receives instruction in the word must share all good things with his instructor. Do not be deceived: God cannot be mocked. A man reaps what he sows. *Galatians 6:6–7*

The elders who direct the affairs of the church well are worthy of double honor, especially those whose work is preaching and teaching. For the Scripture says, "Do not muzzle the ox while it is treading out the grain," and "The worker deserves his wages." *1 Timothy 5:17–18*

We ask you, brothers, to respect those who work hard among you, who are over you in the Lord and who admonish you. Hold them in the highest regard in love because of their work. Live in

Los ancianos que gobiernan bien la iglesia deben ser doblemente apreciados, especialmente los que se dedican a predicar y enseñar. Pues la Escritura dice: "No le pongas bozal al buey que trilla". Y también: "El trabajador tiene derecho a su paga". *1 Timoteo 5.17–18*

Hermanos, les rogamos que tengan respeto a los que trabajan entre ustedes y los dirigen y aconsejan en el Señor. Deben estimarlos y amarlos mucho, por el trabajo que hacen. Vivan en paz unos con otros. *1 Tesalonicenses 5.12–13*

Obedezcan a sus dirigentes y sométanse a ellos, porque ellos cuidan sin descanso de ustedes, sabiendo que tienen que rendir cuentas a Dios. Procuren hacerles el trabajo agradable y no penoso, pues lo contrario no sería de ningún provecho para ustedes. *Hebreos 13.17*

Del gobierno civil

Todos deben someterse a las autoridades establecidas. Porque no hay autoridad que no venga de Dios, y las que hay, fueron puestas por él. Así que quien se opone a la autoridad, va en contra de lo que Dios ha ordenado. Y los que se oponen serán castigados; porque los gobernantes no están para causar miedo a los que hacen lo bueno, sino a los que hacen lo malo. ¿Quieres vivir sin miedo a la autoridad? Pues pórtate bien, y la autoridad te aprobará, porque está al servicio de Dios para tu bien. Pero, si te portas mal, entonces sí debes tener miedo; porque no en vano la autoridad lleva la espada, ya que está al servicio de Dios para dar su merecido al que hace lo malo. *Romanos 13.1–4*

Deberes de los ciudadanos hacia la autoridad

Den al emperador lo que es del emperador, y a Dios lo que es de Dios. *Mateo 22.21*

Es preciso someterse a las autoridades, no sólo para evitar el castigo, sino como un deber de conciencia. También por esta razón ustedes pagan impuestos; porque las autoridades están al servicio

peace with each other. *1 Thessalonians 5:12–13*

Obey your leaders and submit to their authority. They keep watch over you as men who must give an account. Obey them so that their work will be a joy, not a burden, for that would be of no advantage to you. *Hebrews 13:17*

Of civil government

Everyone must submit himself to the governing authorities, for there is no authority except that which God has established. The authorities that exist have been established by God. Consequently, he who rebels against the authority is rebelling against what God has instituted, and those who do so will bring judgment on themselves. For rulers hold no terror for those who do right, but for those who do wrong. Do you want to be free from fear of the one in authority? Then do what is right and he will commend you. For he is God's servant to do you good. But if you do wrong, be afraid, for he does not bear the sword for nothing. He is God's servant, an agent of wrath to bring punishment on the wrongdoer. *Romans 13:1–4*

Of citizens

Give to Caesar what is Caesar's, and to God what is God's. *Matthew 22:21*

It is necessary to submit to the authorities, not only because of possible punishment but also because of conscience. This is also why you pay taxes, for the authorities are God's servants, who give their full time to governing. Give everyone what you owe him: If you owe taxes, pay taxes; if revenue, then revenue; if respect, then respect; if honor, then honor. *Romans 13:5–7*

I urge, then, first of all, that requests, prayers, intercession and thanksgiving be made for everything—for kings and all those in authority, that we may live peaceful and quiet lives in all godliness and holiness. This is good, and pleases God our Savior. *1 Timothy 2:1–3*

de Dios, y a eso se dedican. Denle a cada uno lo que corresponde. Al que deben pagar contribuciones, páguenle las contribuciones; al que deban pagar impuestos, páguenle los impuestos; al que deban respeto, respétenlo; al que deban estimación, estímenlo. *Romanos 13.5–7*

Ante todo encomiendo que se hagan peticiones, oraciones, súplicas y acciones de gracias a Dios por toda la humanidad. Se debe orar por los que gobiernan y por todas las autoridades, para que podamos gozar de una vida tranquila y pacífica, llena de reverencia a Dios y respetable en todos los sentidos. Esto es bueno y agrada a Dios nuestro Salvador. *1 Timoteo 2.1–3*

Recuérdales que se sometan al gobierno y a las autoridades, que sean obedientes y que siempre estén dispuestos a hacer lo bueno. *Tito 3.1*

Por causa del Señor, sométanse a toda autoridad humana: tanto al emperador, por ser el cargo más alto, como a los gobernantes que él envía para castigar a los malhechores y honrar a los que hacen el bien. *1 Pedro 2.13–14*

A los maridos

Los esposos sean comprensivos con sus esposas. Denles el honor que les corresponde, no solamente porque la mujer es más delicada, sino también porque Dios en su bondad les ha prometido a ellas la misma vida que a ustedes. Háganlo así para que nada estorbe sus oraciones. *1 Pedro 3.7*

Esposos, amen a sus esposas y no las traten con aspereza. *Colosenses 3.19*

Remind the people to be subject to rulers and authorities, to be obedient, to be ready to do whatever is good. *Titus 3:1*

Submit yourselves for the Lord's sake to every authority instituted among men: whether to the king, as the supreme authority, or to governors, who are sent by him to punish those who do wrong and to commend those who do right. *1 Peter 2:13–14*

To husbands

Husbands, in the same way be considerate as you live with your wives, and treat them with respect as the weaker partner and as heirs with you of the gracious gift of life, so that nothing will hinder your prayers. *1 Peter 3:7*

Husbands, love your wives and do not be harsh with them. *Colossians 3:19*

A las esposas

Esposas, estén sujetas a sus esposos como al Señor. *Efesios 5.22*

Ellas confiaban en Dios y se sometían a sus esposos. Así fue Sara, que obedeció a Abraham y le llamó "mi señor". Y ustedes son hijas de ella, si hacen el bien y no tienen miedo de nada. *1 Pedro 3.5–6*

A los padres

Ustedes, padres, no hagan enojar a sus hijos, sino más bien críenlos con disciplina e instrúyanlos en el amor al Señor. *Efesios 6.4; Colosenses 3.21*

A los hijos

Hijos, obedezcan a sus padres por amor al Señor, porque esto es justo. El primer mandamiento que contiene una promesa es éste: "Honra a tu padre y a tu madre, para que seas feliz y vivas una larga vida en la tierra". *Efesios 6.1–3*

A los trabajadores de toda clase

Esclavos, obedezcan ustedes a los que aquí en la tierra son sus amos. Háganlo con respeto, temor y sinceridad, como si estuvieran sirviendo a Cristo. Sírvanles, no solamente cuando ellos los están mirando, para quedar bien con ellos, sino como siervos de Cristo, haciendo de todo corazón la voluntad de Dios. Realicen su trabajo de buena gana, como un servicio al Señor y no a los hombres. Pues ya saben que cada uno, sea esclavo o libre, recibirá del Señor según lo que haya hecho de bueno. *Efesios 6.5–8*

A empleadores y supervisores

Ustedes, amos, pórtense del mismo modo con sus siervos, sin amenazas. Recuerden que tanto ustedes como ellos están sujetos al Señor que está en el cielo, y que él no hace diferencia entre una persona y otra. *Efesios 6.9*

To wives

Wives, submit to your husbands as to the Lord. *Ephesians 5:22*

They were submissive to their own husbands, like Sarah, who obeyed Abraham and called him her master. You are her daughters if you do what is right and do not give way to fear. *1 Peter 3:5–6*

To parents

Fathers, do not exasperate your children; instead, bring them up in the training and instruction of the Lord. *Ephesians 6:4*

To children

Children, obey your parents in the Lord, for this is right. "Honor your father and mother"—which is the first commandment with a promise—"that it may go well with you and that you may enjoy long life on the earth." *Ephesians 6:1–3*

To workers of all kinds

Slaves, obey your earthly masters with respect and fear, and with sincerity of heart, just as you would obey Christ. Obey them not only to win their favor when their eye is on you, but like slaves of Christ, doing the will of God from your heart. Serve wholeheartedly, as if you were serving the Lord, not men, because you know that the Lord will reward everyone for whatever good he does, whether he is slave or free. *Ephesians 6:5–8*

To employers and supervisors

Masters, treat your slaves in the same way. Do not threaten them, since you know that He who is both their Master and yours is in heaven, and there is no favoritism with Him. *Ephesians 6:9*

A los jóvenes

De la misma manera, ustedes los jóvenes sométanse a la autoridad de los ancianos. Todos deben someterse unos a otros con humildad, porque: "Dios se opone a los orgullosos, pero ayuda con su bondad a los humildes". Humíllense, pues, bajo la poderosa mano de Dios, para que él los enaltezca a su debido tiempo. *1 Pedro 5.5–6*

A las viudas

La verdadera viuda, la que se ha quedado sola, pone su esperanza en Dios y no deja de rogar, orando día y noche. Pero la viuda que se entrega al placer, está muerta en vida. *1 Timoteo 5.5–6*

A todos los cristianos en general

Los mandamientos quedan comprendidos en estas palabras: "Ama a tu prójimo como a ti mismo". *Romanos 13.9*

Ante todo, recomiendo que se hagan peticiones, oraciones, súplicas y acciones de gracias a Dios por toda la humanidad. *1 Timoteo 2.1*

> *Lo suyo aprenda cada cual*
> *y en casa nada podrá ir mal.*

To youth

Young men, in the same way be submissive to those who are older. All of you, clothe yourselves with humility toward one another, because, "God opposes the proud but gives grace to the humble." Humble yourselves, therefore, under God's mighty hand, that He may lift you up in due time. *1 Peter 5:5–6*

To widows

The widow who is really in need and left all alone puts her hope in God and continues night and day to pray and to ask God for help. But the widow who lives for pleasure is dead even while she lives. *1 Timothy 5:5–6*

To everyone

The commandments . . . are summed up in this one rule: "Love your neighbor as yourself." *Romans 13:9*

I urge . . . that requests, prayers, intercession and thanksgiving be made for everyone. *1 Timothy 2:1*

> *Let each his lesson learn with care,*
> *and all the household well shall fare.*

El oficio de las llaves

Aunque no es seguro que Lutero lo escribiera, el oficio de las llaves refleja su enseñanza, y fue incluido en El Catecismo Menor cuando él aún estaba vivo.

Cómo el jefe de familia debe enseñarlo sencillamente en su casa.

¿Qué es el oficio de las llaves?

El oficio de las llaves es el poder especial que nuestro Señor Jesucristo ha dado a su iglesia en la tierra de perdonar los pecados a los penitentes, y de no perdonar los pecados a los impenitentes mientras no se arrepientan.

¿Dónde está escrito esto?

Así escribe el evangelista San Juan en el capítulo veinte: "Y sopló sobre ellos, y les dijo: —Reciban el Espíritu Santo. A quienes ustedes perdonen los pecados, les quedarán perdonados; y a quienes no se los perdonen, les quedarán sin perdonar".

¿Qué crees según estas palabras?

Cuando los ministros debidamente llamados de Cristo, por su mandato divino, tratan con nosotros, especialmente cuando excluyen a los pecadores manifiestos e impenitentes de la congregación cristiana, y cuando absuelven a los que se arrepienten de sus pecados y prometen enmendarse, creo que esto es tan válido y cierto, también en el cielo, como si nuestro Señor Jesucristo mismo tratase con nosotros.

The Office of The Keys

This section may not have been written by Luther himself but reflects his teaching and was included in editions of the catechism during his lifetime.

As the head of the family should teach it in a simple way to his household

What is the Office of the Keys?
The Office of the Keys is that special authority which Christ has given to His church on earth to forgive the sins of repentant sinners, but to withhold forgiveness from the unrepentant as long as they do not repent.

Where is this written?
This is what St. John the Evangelist writes in chapter twenty: "The Lord Jesus breathed on His disciples and said, 'Receive the Holy Spirit. If you forgive anyone his sins, they are forgiven; if you do not forgive them, they are not forgiven.'"

What do you believe according to these words?
I believe that when the called ministers of Christ deal with us by His divine command, in particular when they exclude openly unrepentant sinners from the Christian congregation and absolve those who repent of their sins and want to do better, this is just as valid and certain, even in heaven, as if Christ our dear Lord dealt with us Himself.

Preguntas cristianas
con sus respuestas
formuladas por el Dr. Martín Lutero
para los que intentan comulgar

Estas preguntas cristianas, con sus respuestas, aparecieron por primera vez en una edición de El Catecismo Menor en 1551.

Después de la confesión e instrucción en los Diez Mandamientos, el Credo, el Padrenuestro, los sacramentos del Santo Bautismo y la Santa Cena, el confesor preguntará, o uno a sí mismo:

¿Crees que eres pecador?
Sí, lo creo; soy pecador.

¿Cómo lo sabes?
Sé que soy pecador por los Diez Mandamientos, los cuales no he guardado.

¿Sientes pesar por tus pecados?
Sí, siento mucho haber pecado contra Dios.

¿Qué mereciste de Dios por tus pecados?
Merecí la ira y el desagrado de Dios, muerte temporal y eterna condenación.

¿Esperas ser salvo?
Sí, es mi esperanza entrar en la vida eterna.

¿En quién confías para tu salvación?
Confío en mi amado Señor Jesucristo.

¿Quién es Cristo?
Cristo es el Hijo de Dios, verdadero Dios y hombre.

¿Cuántos dioses hay?
Hay un solo Dios; mas hay tres personas: el Padre, el Hijo, y el Espíritu Santo.

Christian Questions
with Their Answers
Prepared by Dr. Martin Luther
for those who intend to go to the Sacrament

The "Christian Questions with Their Answers," designating Luther as the author, first appeared in an edition of the Small Catechism in 1551.

After confession and instruction in the Ten Commandments, the Creed, the Lord's Prayer, and the Sacraments of Baptism and the Lord's Supper, the pastor may ask, or Christians may ask themselves these questions:

Do you believe that you are a sinner?
Yes, I believe it. I am a sinner.

How do you know this?
From the Ten Commandments, which I have not kept.

Are you sorry for your sins?
Yes, I am sorry that I have sinned against God.

What have you deserved from God because of your sins?
His wrath and displeasure, temporal death, and eternal damnation.

Do you hope to be saved?
Yes, that is my hope.

In whom do you trust?
In my dear Lord Jesus Christ.

Who is Christ?
The Son of God, true God and man.

How many Gods are there?
Only one, but there are three persons: Father, Son, and Holy Spirit.

¿Qué ha hecho Cristo por ti para que confíes en él?

Cristo murió por mí, derramando su sangre en la cruz para la remisión de mis pecados.

¿El Padre también murió por ti?

No; el Padre es Dios solamente, el Espíritu Santo también. Mas el Hijo es verdadero Dios y verdadero hombre: él murió por mí y derramó su sangre por mí.

¿Cómo lo sabes?

Lo sé por el santo evangelio y por las palabras del sacramento, y por su cuerpo y sangre que se me dan como prenda en la Santa Cena.

¿Cuáles son estas palabras?

El Señor Jesús, la noche en que fue entregado, tomó pan; y habiendo dado gracias, lo partió y dijo: "Tomen, coman, esto es mi cuerpo que por ustedes es partido. Hagan esto en memoria de mí".

Asimismo tomó también la copa, después de haber cenado, y habiendo dado gracias, les dio, diciendo: "Beban de ella todos, esta copa es el nuevo pacto en mi sangre, que por ustedes es derramada para remisión de los pecados. Hagan esto, todas las veces que beban, en memoria de mí".

¿Crees, pues, que en la Santa Cena está el verdadero cuerpo y sangre de Cristo?

Sí, lo creo.

¿Qué te hace creerlo?

Háceme creerlo la palabra de Cristo: Tomen, coman, esto es mi cuerpo; beban de ella todos, esto es mi sangre.

¿Qué debemos hacer cuando comemos su cuerpo y bebemos su sangre, recibiendo así la prenda de la promesa?

Debemos recordar y anunciar su muerte y el derramamiento de su sangre, así como él nos enseñó: Hagan esto, todas las veces que beban, en memoria de mí.

What has Christ done for you that you trust in Him?

He died for me and shed His blood for me on the cross for the forgiveness of sins.

Did the Father also die for you?

He did not. The Father is God only, as is the Holy Spirit; but the Son is both true God and true man. He died for me and shed His blood for me.

How do you know this?

From the holy Gospel, from the words instituting the Sacrament, and by His body and blood given me as a pledge in the Sacrament.

What are the words of institution?

Our Lord Jesus Christ, on the night when He was betrayed, took bread, and when He had given thanks, He broke it and gave it to the disciples and said: "Take eat; this is My body, which is given for you. This do in remembrance of Me."

In the same way also He took the cup after supper, and when He had given thanks, He gave it to them, saying: "Drink of it, all of you; this cup is the new testament in My blood, which is shed for you for the forgiveness of sins. This do, as often as you drink it, in remembrance of Me."

Do you believe, then, that the true body and blood of Christ are in the Sacrament?

Yes, I believe it.

What convinces you to believe this?

The word of Christ: Take, eat, this is My body; drink of it, all of you, this is My blood.

What should we do when we eat His body and drink His blood, and in this way receive His pledge?

We should remember and proclaim His death and the shedding of His blood, as He taught us: This do, as often as you drink it, in remembrance of Me.

¿Por qué debemos recordar la muerte de Cristo y anunciarla?

Debemos aprender a creer que ninguna criatura ha podido expiar nuestros pecados, sino Cristo, verdadero Dios y verdadero hombre; y debemos aprender también a considerar con temor nuestros pecados y conocerlos en verdad como graves, y regocijarnos y consolarnos sólo en él, y por tal fe ser salvos.

¿Qué indujo a Cristo a morir por tus pecados y expiarlos?

Cristo murió por mí movido por su gran amor para con su Padre, para conmigo y los demás pecadores, como está escrito en Juan 15.13; Romanos 5.8; Gálatas 2.20; Efesios 5.2.

En fin, ¿por qué deseas comulgar?

En la Santa Cena quiero aprender a creer que Cristo murió por mis pecados, por el gran amor que tiene para conmigo; y quiero aprender también de él a amar a Dios y a mi prójimo.

¿Qué ha de amonestar y animar al cristiano a que comulgue con frecuencia?

Respecto a Dios, tanto el mandato como la promesa del Señor Jesucristo deben animar al cristiano a comulgar con frecuencia; y con respecto a sí mismo, la miseria que lo aflige debe impulsarlo, debido a lo cual se dan tal mandato, estímulo y promesa.

Pero, ¿qué debe hacer uno, si no siente esa miseria, ni tampoco ese hambre y sed por la Cena del Señor?

Al tal no se podrá aconsejar mejor que, en primer lugar, ponga su mano en su pecho y palpe si tiene todavía carne y sangre, y crea lo que las Sagradas Escrituras dicen en Gálatas 5.19 y Romanos 7.18.

En segundo lugar, debe mirar en torno de sí, para ver si está aún en el mundo, y debe pensar que no faltarán pecados y miserias, como dicen las Sagradas Escrituras en Juan 15.18; 16.20 y 1 Juan 2.15–16; 5.19.

En tercer lugar, seguramente tendrá también al diablo muy cerca de sí, quien con mentiras y asechanzas de día y noche no lo dejará en paz interior ni exteriormente, como lo describen las Sagradas Escrituras en Juan 8.44; 1 Pedro 5.8-9; Efesios 6.11–12; 2 Timoteo 2.26.

Why should we remember and proclaim His death?

First, so we may learn to believe that no creature could make satisfaction for our sins. Only Christ, true God and man, could do that. Second, so we may learn to be horrified by our sins, and to regard them as very serious. Third, so we may find joy and comfort in Christ alone, and through faith in Him be saved.

What motivated Christ to die and make full payment for your sins?

His great love for His Father and for me and other sinners, as it is written in John 14; Romans 5; Galatians 2 and Ephesians 5.

Finally, why do you wish to go to the Sacrament?

That I may learn to believe that Christ, out of great love, died for my sin, and also learn from Him to love God and my neighbor.

What should admonish and encourage a Christian to receive the Sacrament frequently?

First, both the command and the promise of Christ the Lord. Second, his own pressing need, because of which the command, encouragement, and promise are given.

But what should you do if you are not aware of this need and have no hunger and thirst for the Sacrament?

To such a person no better advice can be given than this: first, he should touch his body to see if he still has flesh and blood. Then he should believe what the Scriptures say of it in Galatians 5 and Romans 7.

Second, he should look around to see whether he is still in the world, and remember that there will be no lack of sin and trouble, as the Scriptures say in John 15–16 and in 1 John 2 and 5.

Third, he will certainly have the devil also around him, who with his lying and murdering day and night will let him have no peace, within or without, as the Scriptures picture him in John 8 and 16; 1 Peter 5; Ephesians 6; and 2 Timothy 2.